Hilde Schwoyer

Vom Junghund zum Jagdhund

Eine Jagdhunderziehung

Kosmos
Gesellschaft der Naturfreunde
Franckh'sche Verlagshandlung
Stuttgart

Mit 38 Farbfotos von R. Schenk (1) und H. Schwoyer (37) sowie einem Schwarzweißfoto von H. Schwoyer

Umschlaggestaltung von Edgar Dambacher unter Verwendung eines Dias der Autorin

Das Titelbild zeigt einen fünf Monate alten Kleinen Münsterländer, der sein erstes Erfolgserlebnis beim Vorstehen einer Wachtel hat. Der Hundeführer mahnt ihn zur Ruhe.

Fachtierärztliche Durchsicht: Dr. Schneider, München

Abb. 1. Gut gefaßt! Kleiner Münsterländer beim Apportieren

CIP-Kurztitelaufnahme der Deutschen Bibliothek

Schwoyer, Hilde:
Vom Junghund zum Jagdhund : e. Jagdhunderziehung / Hilde Schwoyer. – Stuttgart : Franckh, 1982.
(Kosmos-Hundebibliothek in Farbe)
ISBN 3-440-05069-6

Franckh'sche Verlagshandlung, W. Keller & Co., Stuttgart / 1982

Printed in Italy / Imprimé en Italie / L9mm Hrr / ISBN 3-440-05069-6
Satz: G. Müller, Heilbronn
Reproduktion, Druck und Buchbinder: Editoria s.r.l., Trento, Italien

Vom Junghund zum Jagdhund

Die ungenutzten »Junghund-Wochen«

Im frühen Jugendstadium unserer Jagdhunde, dem Alter von zehn Wochen bis zu etwa acht Monaten, sind sich viele Hundefreunde nicht ganz darüber im klaren, wie sie das kleine Geschöpf behandeln sollen. Nach althergebrachter Meinung beläßt man einen jungen Hund »roh und unverdorben«, bis er mindestens acht oder neun Monate alt geworden ist, und dann erst nimmt man sich seiner ernsthaft an.
So vertrödeln und verlieren viele kleine Jagdhunde bester Abstammung die wertvollste Zeit ihrer Entwicklung entweder tatenlos im Zwinger oder werden Familienangehörigen überlassen, die systemlos an ihnen herumerziehen. Entspricht der Hund später nicht den Erwartungen, wird die Rasse oder der Züchter dafür verantwortlich gemacht; nur die eigenen schweren Unterlassungssünden werden nicht zugegeben.
Dank jahrhundertelanger Erfahrungen im Umgang mit Jagdhunden, belegt durch die Aufzeichnungen der Jagdklassiker, dank moderner wissenschaftlicher Bemühungen und Verhaltensforschung, sind uns die Entwicklungsstufen von Welpen und Junghunden bekannt geworden, und es wird ernsthaft weitergeforscht.
Wer immer mit Hunden lebt, sollte sich diese Erkenntnisse zu eigen machen, sie beherzigen und praktizieren, für ein besseres Verstehen hundlichen Verhaltens. Geschieht das nicht, wird die Lernfähigkeit, die willige Bereitschaft zum Lernen, die Auffassungsgabe des jungen Hundes nicht genügend gefördert und trainiert. Daraus ergeben sich später zwangsläufig Schwierigkeiten bei der Abrichtung und im allgemeinen hundlichen Leistungsbild.
Menschen haben in ihrer manchmal überheblichen Gedankenlosigkeit Fehlurteile über Hunde rasch parat. Sie stufen ihn ein als dumm, harthörig, stur, und wenn alle tierischen Untugenden zusammentreffen, hat man mit der Wahl des Welpen einen Fehlgriff getan oder einen *Leithundtyp* erwischt.
An solchen Entschuldigungen fehlt es nicht, wenn einem die einfachsten Regeln im Umgang mit »Freund Hund« und seinem Verhalten nur ungenügend bekannt sind! Büßen muß es leider immer der Hund. Kommt ein solch verkanntes Wesen mit viel Glück doch noch in verständige Hände, bleibt vom *Kopfhundtyp* nichts übrig.
Hund zu sein, dem Menschen ausgeliefert zu sein, ist gar nicht so einfach: »Nicht die Erbanlagen sind schuld am Versagen so mancher Hunde, sondern oft die nicht richtig genutzte Jugendzeit« (*E. Trumler*).
Kenntnisse über die erwählte Jagdhundrasse und deren Abrichtung kann sich der Jäger durch Besuch von Führerlehrgängen aneignen, wie sie alle Jahre von den Jagdge-

brauchshundevereinen veranstaltet werden. Zum Thema: »Wie sag ich's meinem Hund?«, gibt es auch gute Bücher. Fast unberücksichtigt bleibt darin meist die Erwähnung, welchen Einfluß der Züchter auf die körperliche und psychische Entwicklung eines Wurfes hat, und es fehlen brauchbare, praktische Hinweise für die Erziehung nach Abgabe der Welpen im Hinblick auf ihre spätere Aufgabe als Gebrauchshund.
Die Verhaltensforschung weiß um die Bedeutung dieser ersten kurzen Zeitspanne im Leben des Hundes und ist bemüht, gewonnene Erkenntnisse so darzulegen, daß der, der guten Willens ist, daraus Nutzen ziehen kann, zum besseren Verstehen hundlichen Verhaltens. Außer den Verhaltensforschern *Konrad Lorenz, Eberhard Trumler, Walter* und *Christl Poduschka* und *Wilhelm Siveke* ist mir kein Fachmann der Gegenwart bekannt, der sich ernsthaft um die Frühsterziehung von Hunden (W. Siveke speziell von Vorstehhunden) verdient gemacht hat und jedem, der gut beobachtet, Herz und Verstand walten läßt und Hunde aufrichtig liebt, praktische, gute Ratschläge an die Hand gibt.

Zucht und Züchter

Jagdhunde werden heutzutage ihrer Rasse gemäß rein gezüchtet. Kreuzungen werden nicht mehr vorgenommen. Die jeweiligen Zuchtverbände schufen bestimmte Reglements für Zucht und Prüfungen.
Jeder Züchter, der auf sich hält, ist ernsthaft bestrebt, seine Rasse ihrer äußeren Form nach und im Leistungsstand nicht nur zu erhalten, sondern beides nach Möglichkeit zu verbessern. So sehen die Jagdhunde heute in ihrem Erscheinungsbild weit edler aus, als vor etwa 100 Jahren. Sie sind auch feinnerviger, was nicht mit nervös verwechselt werden darf.
Leider hat sich erwiesen und findet immer wieder Bestätigung, daß es unter allen Jagdhundrassen, ob große oder kleine, ob kurz-, rauh- oder langhaarig, viele gut veranlagte Hunde gibt, die geeigneten Führer aber recht dünn gesät sind.
Ein gewissenhafter Abrichter kann aus einem mittelmäßigen Hund alles herausholen, ein nicht fachmännisch einfühlsamer oder gar grober Führer verdirbt den besten Hund. Abrichtung läßt sich nur bis zu einem gewissen Grad wirklich erlernen, mit Kenntnissen allein ist es dabei nicht getan. Es gehören Herz und Verstand, unendliches Einfühlungsvermögen, Geduld und Selbstbeherrschung und ein großer Aufwand an Zeit dazu.
Was ein Hund leistungsmäßig bringen kann, ist z.T. vorbestimmt durch die Blutlinie seiner Ahnen, durch seine Rassezugehörigkeit. So ist die Welt eines Dackels eine ande-

Abb. 2. Zwei prachtvolle Beispiele für gelungene Zucht.

re, als die eines Pointers. Was einer Rasse nicht liegt, wofür sie nicht gezüchtet und vom Menschen geformt wurde, sollte niemand hinein- oder herauszaubern wollen.

Die gewissenhafte, verantwortungsbewußte Zucht von Jagdhunden, von allen Gebrauchshunden, ist eine Kunst. Es gehört eine Portion Geschick dazu, – und Glück! Hierbei hat die solide durchgezüchtete Mutterlinie eine große Bedeutung. Wer es versteht, wer das Glück hat, sich in jahrelanger Mutterliniengeneration einen Stamm aufzubauen, wird mit der Nachzucht, nach meinen Erfahrungen, kaum Enttäuschungen erleben.

Die für die Zucht ausgewählten Rüden tragen zur Formverbesserung bei. Nase, Nerv, Passion und Härte, – das richtige »Jagdbeindl«, wie es der große Jagdkynologe und Züchter Ofm. R. Frieß so trefflich nannte –, also die wesentlichsten jagdlichen Eigenschaften, kommen aus der mütterlichen Linie. Das versuchen Züchterpraxis und Erfahrungen zu belegen.

Diese haben sich etwas verschoben, und nicht gerade zum besten einer Rasse. Auch viele Nichtjäger beschäftigen sich heute mit der Zucht von bekannten, schönen Jagdhunderassen. Leider fehlt vielen Leuten das Interesse, dem beschäftigungslosen Hund eine Ausbildung zu geben oder ihn sogar zu einer Prüfung zu führen; obwohl für einige Rassen gar kein Jagdschein nötig ist.

Die sog. *Schönheitszucht* spielt hier eine große Rolle, obwohl es mir selbst nicht einleuchtet, warum man Hunde nur auf äußere Schönheit züchtet und, leider nur zu oft, den wahren Kern, das gute Wesen, die Führigkeit, die Gesundheit, die Auffassungsgabe und deren wertvolle Eigenschaften nicht oder zu wenig beachtet.

Wenn Hündinnen, die seit vielen Generationen nicht mehr in jagdlicher Praxis erprobt sind, von geprüften Rüden gedeckt werden, ist das keine »jagdliche Zucht« mehr. Wer daran glaubt, lügt sich selbst etwas vor und erweist seiner Rasse keinen Dienst.

Von Jagdgebrauchshunden werden bestimmte Leistungen erwartet, aber wenn Nase, Nerv, Härte und Wildschärfe in den Erbanlagen nicht mehr mitgegeben werden können, d.h. abgezüchtet sind auf Kosten der nur schönen »Hülle« (das geht erstaunlich rasch), dann gibt sich kein Jäger mehr mit so einem »unbrauchbar« gewordenen Geschöpf ab. Ein solcher Hund wandert von einer Besitzerhand in die andere und kann froh sein, wenn sich ein mitleidiger Liebhaber findet, der sich seiner annimmt.

Es geht hier aber um Lebewesen, für die der Züchter die Verantwortung trägt. Rät man Züchtern, aus ihren nicht mehr leistungserprobten Hunden keine Welpen in Jägerhände zu geben, so ist dies keine züchterische Abwertung, sondern geschieht aus Liebe zum Hund!

Abb. 3. Setterhündin mit Wurf.

In der Zucht mittelgroßer Hunde, z.B. unserer Vorstehhunde, ist auf noch etwas zu achten: auf *Knochen* und *Substanz*. Bereits vor 50 Jahren warnte Frieß davor, daß Hunde der Mittelrassen, die von Generation zu Generation kleiner und zartgliedriger werden, in der Regel auch Härte und Nerv verlieren.
Selbst züchten, selbst aufziehen und erziehen, abrichten und führen: nur so lernt man seine Rasse von Grund auf kennen.
Wer sich einen Welpen nach Hause holen will, muß zuerst einmal die Augen offen haben für alles rund um die Wurfkiste. Wie ist das Verhältnis der Hündin zu ihren Menschen, hat sie Familienanschluß, wie ist ihre Verfassung, ihr Benimm zu den Welpen, wie und wo ist der Wurf untergebracht? Sind die Welpen munter, aufgeweckt, neugierig, freuen sie sich, wenn Menschen kommen?
Wo bei einem Züchter Frau und Kinder am Boden inmitten der Hundeschar sitzen, wo man die Welpen auf den Arm nimmt, um dem einen oder anderen was zu erzählen, wenn sie sich beknabbern lassen und mit ihnen spielen, da braucht man nicht bange zu sein, dort kann man getrost einen Welpen aussuchen, von ihnen ist bestimmt noch keiner in seinem natürlichen Verhalten gestört.
Gezielte Fragen an den Züchter vertiefen das Verhältnis Herr und Hund. Kennen die Welpen bereits Wild? Wie reagieren sie auf Geräusche? Auch die Frage nach Futterplan, Entwurmung, Impfung, Ahnentafel sind wichtig. Vertrauen gegen Vertrauen! Der Züchter hat an jedes seiner Hundekinder sein Herz gehängt, er kann sie nicht alle behalten, und er hofft, daß jeder Welpe ein Zuhause bekommt, wo es ihm gut geht, ein ganzes langes Hundeleben lang, wo ihm eine fundierte Ausbildung und sinnvolle Beschäftigung zuteil wird. Eine harmonische Kinderstube brauchen unsere Welpen genauso wie kleine Menschenkinder.

Der Züchter und der Wurf

Mein Wort gilt vor allem und zuerst einmal dem Züchter und dann dem späteren Besitzer. Beide sollen Wege aufgezeigt bekommen für die Zeit bis zur Abgabe eines Welpen und dessen abrichtefähigem Alter. In dieser Zeit werden erfahrungsgemäß die meisten Fehler gemacht. Hunde geraten einem dann statt in die Hand, völlig *aus der Hand*. Dabei lernen Junghunde gerade in der kurzen Zeitspanne der ersten Monate am leichtesten und eifrigsten, und was sie tun, geschieht mit echter Begeisterung. Es entsteht jetzt eine echte, herzliche Bindung zwischen Mensch und Hund, wie sie schöner nicht sein kann.

Aber vorerst zurück in die *Kinderstube* des Hundes. Was kann ein Züchter tun, um herauszufinden, ob ein Welpe normales hundliches Verhalten zeigt? Welche Tests können durchgeführt werden, im Hinblick auf seine späteren Aufgaben als Jagdhund? Es ist bedauerlich, daß Liebhaberzüchter Jagdhunde (jeweils ihre Lieblingsrasse) zwar halten und züchten, sie aber nicht ausbilden und führen. Hunde brauchen rassengerechte Aufgaben! Nicht jeder aber kann Jäger sein, und viele Jäger haben kaum Gelegenheit zur Ausübung ihrer Passion. Diese Waidmänner erhalten, wenn sie Glück haben, im Winter ein paar Einladungen zur Treibjagd, und bei den heute oft mageren Strecken bleibt mancher Flintenlauf blank, und der Hund an der Leine hat keine Beschäftigung.
Die *Nichtjäger* und der revierlose Jäger können aber für ihren Hund viele jagdliche Aufgaben improvisieren, so daß ihm zu keiner Jahreszeit langweilig zu sein braucht. Die intensive, liebevolle Beschäftigung mit den kleinen Hunden müßte guten, soliden Züchtern selbstverständlich sein. So haben es Züchtergenerationen vor uns gemacht und ihre Erfahrungen weitergegeben. Wir wissen heute mehr über die einzelnen Entwicklungsphasen unserer Hunde, weil sich die Forschung ernsthaft damit befaßt, aber wir wissen noch nicht alles! Der Jagdgebrauchshundeverband e. V. z. B. ist an Forschungsergebnissen zur Geräuschempfindlichkeit bei Welpen sehr interessiert. Daraus will er Rückschlüsse ziehen auf die spätere Schußgleichgültigkeit oder Schußscheue, bzw. -empfindlichkeit.
Verhaltensforscher wie *Trumler, Siveke,* u. a. sagen, daß der Knall zu den ersten Eindrücken eines Welpen gehört, die von den langsam erwachenden Sinnen der Welpen aufgenommen werden. Das ist um den 15. Lebenstag. Die Welpen liegen geborgen in ihrer Wurfkiste, sie kennen keine Angst vor Geräuschen und registrieren alles um sie herum, wie etwa das Lautgeben ihrer Mutter.
Wer Jagdhunde züchtet, hat damit eine Verpflichtung übernommen. Es sollte selbstverständlich sein, daß der Wurf in einem bestimmten Alter bereits Haar- und Federwild kennenlernt; daß er erst voll zaghafter Neugier, dann mit Wonne hineinfaßt in Haare und Federn. Dieser Zeitpunkt liegt um die 5.–7. Lebenswoche, die Verhaltensforschung nennt diesen entscheidenden Abschnitt die *Prägungsphase.* Solche Hunde, die jetzt alle Arten von Wild kennenlernen dürfen, machen später keine Schwierigkeiten, wenn es um das Greifen von Haar- und Federwild geht. Auf diesen Prägungswochen sollte sinnvoll weiter aufgebaut werden. Abrichtung ist dann später keine Mühe, wenn diese Wochen der Kindheit sinnvoll genutzt wurden, zuerst vom Züchter, danach vom Besitzer des Welpen.
Wie mühevoll ist es z. B. für einen Kursleiter von Abrichtungslehrgängen mit Jäger und Hund, wenn der Vierbeiner seine Jugend im Zwinger verbracht hat, ohne mit fremden Menschen und Artgenossen in Kontakt gekommen zu sein und mit der Außenwelt

Abb. 4. Erste Begegnung mit einem höchst interessanten Wesen.

erst auf dem Kursgelände so richtig konfrontiert wird. Leider ist so etwas keine Seltenheit. Solche Hunde wurden meistens nur für Gebrauchszwecke angeschafft, wie sollen sie in Händen von Privatjägern Leistungen erbringen, wenn die erste Grundlage fehlt, der Kontakt von Mensch und Hund!

Ein Hund ist kein Einzelgänger, er braucht die Gemeinschaft mit dem Partner Mensch, nicht das Ausgesperrtsein, die Verbannung hinter Gitter und das Warten auf einen, der kommt und die Zwingertür öffnet. Für viele Hunde besteht das Dasein nur aus Warten, Warten, stundenlang, halbe Tage lang; bis sich ein Mensch ihrer erinnert, ihnen außer Wasser und Futter, den einfachsten Bedürfnissen jeder Kreatur, auch ein paar freundliche Worte gönnt, ein Streicheln und ein wenig Gutsein.

Wenn heute viele Menschen mit ihren passionierten Junghunden nicht zurecht kommen, liegt der Grund oft in der nicht aufgebrachten Geduld und Zeit für eine fachgerechte Ausbildung. Der Weisheit letzter Schluß ist in vielen Fällen der Griff zum Telektaktgerät. Mit dem Druck auf den Knopf versuchen sie dem Hund das beizubringen, was ihm von Grund auf fehlt, weil es von ihnen versäumt wurde, den *Gehorsam*! Der bei dieser »Hundeausbildung« angewandte Elektroschock ist für mich (und nicht nur für mich!) die teuflischste Erfindung überhaupt und ein Armutszeugnis für den modernen Menschen.

Abb. 5. Zwei, die sich wirklich mögen.

Hunden muß man geduldige Hingabe entgegenbringen. Alles in der Natur braucht Zeit, um sich zu entwickeln. »Auf die schnelle« wächst kein Baum, kein Halm und vor allem kein Tier. Und wer glaubt, für einen Welpen keine Muße zu haben, um sich mit ihm aufmerksam zu beschäftigen, der wird einem Geschöpf niemals gerecht, er sollte sich am besten überhaupt keinen Hund anschaffen. Dadurch vermehrt er nur das Heer jener bedauernswerten Wesen, deren Alltag aus Warten hinter Zwingergittern besteht.
Als Züchter muß man seine Welpeninteressenten buchstäblich »auf Herz und Nieren« prüfen, um einer Enttäuschung vorzubeugen. Leider bleiben sie trotz allem nicht aus.

Vom ersten Tag an

Von guten Wünschen seiner Züchterfamilie begleitet, nimmt der Welpe Abschied von seinem Heim, der Geborgenheit im Kreise seiner Wurfgeschwister. Er muß sich eingewöhnen in eine für ihn unbekannte Welt. Glücklich der Welpe, der mit Liebe empfangen und mit Sachkenntnis aufgezogen wird!
Ein kleiner Hund braucht sehr viel liebevolle Zuwendung, freundlich ruhige Behandlung und eine zwar gütige, aber auch strenge Hand. Es müssen beizeiten Tabus gesetzt werden, und der Hundekamerad muß erfahren, daß es in der Welt des Menschen vieles zu respektieren gibt. Das ist für einen kleinen Hund nicht unnatürlich, denn als Rudeltier ist er von Natur aus gewohnt, sich ein- und unterzuordnen. Hunde haben ein ausge-

zeichnetes Gedächtnis, ein hervorragendes Erinnerungsvermögen und sammeln ihre Erfahrungen; das wissen und das nutzen wir.
Rasch ist ein Welpe stubenrein und »meldet« sich, wenn er hinaus muß; denn schon in wenigen Tagen im neuen Zuhause hat er erfahren, daß wir ihn immer beobachten, wenn er mal »muß«. Zur gewohnten Stunde füttern, den Welpen schlafen lassen, wenn ihm danach ist, – und junge Hunde schlafen sehr viel –, das alles gehört zum Eingewöhnungsprogramm in die Welt der Menschen.
An das Tragen einer einfachen *Halsung* (Halsband), wenigstens für einige Stunden am Tag, wird sich der Welpe ebenso gewöhnen, wie an das gelegentliche angeleint neben uns Herlaufen, wenn wir ihn dazu ermuntern.
Das *Anleinen* darf für das kleine Hundewesen nie als Strafe oder Freiheitsberaubung empfunden werden, sondern soll selbstverständlich sein. In unserer motorisierten Welt kann ein Hund nicht mehr überall gefahrlos frei laufen. Bringen Sie ihm deshalb von klein auf bei, an unserer linken Seite brav mitzutrippeln. Früh gewöhnt ist alt getan! Der Mensch in seinem Unverstand übertreibt dies leider allzuoft, deshalb sei Ihnen hier noch einmal angeraten, keine Gewaltmärsche mit dem Welpen zu unternehmen, nicht mit Gewalt an der Leine herumzuzerren, das verursacht Angst, und Angst ist immer ein schlechter Lehrmeister!

Abb. 6. Noch steht der Abschied von der Mutter bevor...

Für die Gewöhnung an die Leine genügen am Tag mehrmals ein paar Minuten für kleine Gänge, und immer wird dabei das Kurztraining mit Anerkennung und Lob beendet.
Das korrekte *Bei-Fuß-Gehen*, nach Art der Diensthunderassen, ist bei den meisten großen Jagdhunden eine Schwachstelle. Wenn sie den Wind um ihre Nasen spüren, wollen sie frei sein und für ihren Herrn »arbeiten«. Das vollendete Bei-Fuß-Gehen, wie es z.B. der abgerichtete Schäferhund beherrscht, verlangen wir von unseren Hunden nicht, aber – kein Jagdhund darf »Ziehhund« spielen, er muß so neben seinem Führer laufen, daß er diesen nicht behindert, was für den waffentragenden Jäger sehr wichtig ist. Male sich jeder einmal aus, was passieren kann, wenn ein undisziplinierter Jagdhund beim Aufstehen eines Hasen oder der Abgabe eines Schusses den Jäger beinahe umreißt.
Planen wir das manierliche *Gehen an der Leine* bereits in das Erziehungsprogramm für den Welpen ein, so fällt ihm das bei der eigentlichen Abrichtung nicht mehr schwer. Aber mit Gefühl ans Werk! Um Himmels willen keinen Drill, kein Übungsplatzmilieu daraus machen! Wir besitzen ein Hundekind, unverdorben, lernwillig und anpassungsfähig. Es gleicht einem Menschenkind, das soeben den Kindergarten als Vorstufe für die spätere Schule besucht. Mit dieser Einstellung machen wir es richtig! Leider fällt es gerade oft Männern sehr schwer, diese Erziehungsmethode anzuerkennen. Sie interessiert der Hund erst im »dressurfähigen« Alter. Vergeht die so wertvolle Kinderzeit des Hundes ungenutzt, ist der Hund später starrer beim Lernen.
Viel Freude macht es nicht nur, das körperliche Wachsen unseres Hundes mitzuerleben, sondern vor allem das seiner geistigen Entwicklung. Der Hund wird daran gewöhnt, auf den Ruf seines Namens vertrauensvoll heranzukommen, wenn damit zugleich eine einladende, freundliche Armbewegung verbunden ist, wie z.B. seitliches Klopfen auf den Schenkel. Dies stellt für den aufmerksamen Welpen bereits ein späteres Sichtzeichen dar für das *Herankommen*. Dabei gehen wir ab und zu in die Hocke. So sind wir für den Hund optisch noch viel weiter entfernt, und um uns nicht zu verlieren, wird er freudig angesprungen kommen. »Bei meinem Menschen ist es immer gut«, diese Erfahrung muß der Welpe immer und immer wieder machen, jeden Tag!
Er bemüht sich, uns zu verstehen und sich einzufügen in unsere Welt. Vieles an neuen, ungewohnten Eindrücken stürmt ein auf das kleine Geschöpf, das nicht denken kann wie wir Menschen, es begreift die Zusammenhänge nicht.
Im Alter von 8 bis 16 Wochen darf man den jungen Hund auf keinen Fall körperlich überbelasten. Bänder und Sehnen sind weich, und es könnten unabsehbare Schäden entstehen. Jeder kleine Hund hat seinen Rhythmus im Fressen, Schlafen, Spielen und Wachsein.

Abb. 7. Mama hat einen am Wickel.

Wer einen Garten sein eigen nennt, wo der Hund seinen Entdeckerdrang austoben kann, schätze sich glücklich, verlange aber nicht vom Hund, daß dieser Sinn für Blumen und kostbare Sträucher hat.
Überlassen Sie im Garten den Welpen nicht sich selbst. Spielen Sie viel mit ihm, beschäftigen Sie ihn. Dulden Sie auf keinen Fall, daß er seine Kalbsknochen in die Büsche trägt und dort verbuddelt! Futterreste sollte es nie geben, weg mit der Schüssel und auch weg mit dem Spielzeug. Beides wird dem Hund nur angeboten, wenn ihm der Sinn danach steht. *Warum?* Liegt nichts Eßbares herum, kommt der Hund nicht in Versuchung, nach Urhundeart, Reste zu vergraben. Diese Eigenart aber pflegt er, wird das Vergraben von klein auf geduldet. Vielleicht wird darüber noch gelacht, weil es gar so ulkig aussieht, wenn die Junghundstupsnase ernsthaft einen Knochen mit Erdreich zuschiebt. All das kann später eventuell schlimme Folgen haben, in einer nicht zu unterschätzenden Jagdhunde-Untugend, wenn der Hund zum sog. *Totengräber* wird! Ein schauriges Wort, – gemeint ist damit ein Jagdhund, der geschossenes Wild nicht dem Herrn zuträgt, sondern es beiseite schafft und einbuddelt, dann seelenruhig zu seinem

Meister zurückkehrt, als wäre nichts geschehen. Die erdverschmierte Nase verrät von seinem »frevelhaften Tun«.
Ich kenne Hunde, die bei der Vorbereitung für Prüfungen »überdressiert« wurden und dann etwas taten, was ihnen vorher noch nie in den Sinn gekommen war.
Anstatt das tote Wild auf der Übungsschleppe zu apportieren, weitab von ihren nervösen Führern, vergruben sie es.
Über solches Fehlverhalten ließen sich noch viele Seiten füllen. Schuld daran hat der Mensch, es fehlt der wirkliche Kontakt zum Hund. Bei Prüfungen kann es auch sein, daß der Hund Angst davor hat, fremde Artgenossen könnten ihm seine Beute mißgönnen oder vieles mehr. Es ist also das beste, den Anfängen von klein auf zu wehren. Lassen Sie keine Knochen herumliegen, dann kommt der Hund auch nicht in Versuchung.
Wenn wir einen lieben, anhänglichen und gelehrigen Hund haben wollen, müssen wir ihm in seinem Kindheitsstadium das Gefühl des Beschütztseins geben, denn wir sind sein Rudelführerersatz. In der Natur entfernt sich das hilflose Jungtier in diesem Alter nie allzuweit von seinem gewohnten Unterschlupf. Es fürchtet noch die vielen Gefahren, die es umlauern, solange die Eltern auf Beutezügen sind.
Im Zusammenhang mit dem jungen Hund spreche ich immer noch vom Welpen, obwohl er der eigentlichen Säugeperiode längst entwachsen ist; damit möchte ich auf die Kinderperiode hinweisen, in der sich der Hund noch für eine Weile befinden wird.
Je älter er wird, um so mehr interessiert er sich nun aber für seine Umgebung. Auf kurzen Spaziergängen gemeinsam mit dem Menschen die Außenwelt kennenzulernen, ist ihm nun schon erlaubt. Wölfe würden es kaum wagen, sich allzuweit von ihrer heimatlichen Höhle zu entfernen, aber unsere Hunde sind keine Wölfe mehr, sie leben, von uns betreut, beschützt und geführt, von Anfang an in menschlicher Gemeinschaft. Auf stillen Wegen, leeren Wiesen und Pfaden soll der kleine Hund lernen, uns völlig frei, ohne Leine, zu begleiten. Die Betonung liegt bei *frei, ohne* Leine. Gemeinsam mit uns entdeckt er die Umwelt, voll Neugier und bald mit großem Unternehmungsgeist, der uns noch zu schaffen machen kann, je nach seinem Temperament.

Frei laufen – ohne Leine

Bei einer der ersten Erziehungsmaßnahmen ist es für den Welpen wichtig, daß er den Menschen von sich aus, also ohne Leine begleitet. Dafür suchen wir stille Gegenden aus, wo wir nach Möglichkeit allein und ungestört sind. Lernt ein Junghund das freie Mitlaufen nicht oder nur selten, ergeben sich später ungeahnte Schwierigkeiten.

Es mangelt ihm dann an Zugehörigkeitsgefühl zu seinem Rudel. Das In-Verbindung-Bleiben mit dem Menschen, seiner Bezugsperson, das freiwillig freudige Anpassen, dieses Anhänglichkeitsgefühl entwickelt sich nicht bei ständigem an der Leine gehen. Der Welpe, der von klein auf frei mitläuft, lernt dabei nicht nur die Natur mit all ihren interessanten Gerüchen kennen, sondern macht auch die Erfahrung, daß man trotz aller Entdeckungen und neuer Eindrücke nie den Menschen dabei vergessen darf, ihn immer im Auge haben muß!

Sonst könnte es sein, wenn der kleine Jagdhund nicht aufpaßt, daß er den »Rudelersatz« verliert; dann steht unser Kamerad verdutzt am Weg und äugt hilflos umher, von der Nase bis zur Rutenspitze nur noch trauriges Verlassensein. Nichts mehr ist interessant, verlockt dann dazu, weiter auf Entdeckungsreise zu gehen. Geliebter Mensch, wo bist du? Je nach Temperament reagieren kleine Hunde dabei recht unterschiedlich. Die einen lauschen angespannt, andere setzen sich ergeben auf die Keulen und gucken voller Weltschmerz in die Runde und warten. Andere halten ihr Näslein in den Wind und beginnen verzweifelt nach der vertrauten Wittrung zu suchen. Manche machen es mit Bedacht, nehmen die Nase bodenwärts und versuchen auf die Weise, ihren verlorenen Herrn wieder zu finden.

Der aber ist nicht verloren! Er steht, in dieser absichtlich herbeigeführten Situation, etwas entfernt hinter einem Busch. Um dem Hundekind zu helfen, ruft er leise dessen Namen. Der kleine Hund lauscht gespannt, läuft dann drauflos und die Wiedersehensfreude ist unbeschreiblich.

Immer wieder, wenn der Welpe nicht gerade zu sehr mit Schnüffeln beschäftigt ist, müssen wir diplomatisch sein, ihn zum Gehorsam zwingen, können wir noch lange nicht! Wir gewöhnen ihn langsam, aber systematisch daran, bleiben stehen, rufen ihn herbei und winken ermunternd, gebrauchen die ihm von zu Hause gewohnten *Hör-* und *Sichtzeichen* (leiser Doppelpfiff und Winken mit seitlich gehaltenem Arm), wie wir diese auch später beim erwachsenen Jagdhund anwenden. Kommt er vertrauensvoll und voller Freude bei uns an, erntet er immer nur Lob. Klappt das Herbeikommen einmal nicht, verlieren Sie nicht die Geduld oder werden ärgerlich. Ein Hund von nur einigen Wochen versteht das noch nicht. Locken und winken Sie, laufen Sie rückwärts ein Stück des Weges zurück. Geschieht das zusätzlich noch in leicht gebückter Haltung, sind wir optisch für den Hund noch viel, viel weiter weg und er legt Tempo vor, um zu uns zu kommen. Einem Hund eine Strafpredigt zu halten, wenn er, entfernt von uns, etwas angestellt hat, wäre dumm. Menschen, die meinen, sie könnten mit dem Lebewesen Hund umgehen wie mit ihresgleichen, gibt es trotz allem noch genug. Einem Menschenkind kann man Vorhaltungen machen für schlechtes Benehmen, das eine Stunde und länger zurückliegt, aber nicht einem Hund; er denkt nicht wie ein Mensch.

Freilich hat auch unser Hund ein *Erinnerungsvermögen*, aber er lebt nur in der Gegenwart. Er sammelt Erfahrungen, die sich zu einem »Denkschema« zusammenfügen, ohne dies könnten wir nicht mit ihm arbeiten. Der Junghund, mit ein paar Monaten, lebt nach dem Motto: Ich tu', was mir gefällt; und das entspricht nicht immer auch unserer Ansicht. Wir sind ja gewillt, seine »Weltanschauung« zu formen, ihn nach unseren Wünschen zu erziehen, denn ein gehorsamer Hund hat auch mehr von seinem Leben. Was Sie nie tun dürfen, wenn der Welpe nicht gleich wunschgemäß herankommt, ist, ihm nachzulaufen, ihn fangen zu wollen! So erziehen Sie ihm gerade das Gegenteil an. Für ihn ist das ein lustiges *Hasch-mich-Spiel;* er erfaßt die Lage sofort: »Ätsch, mich kriegst du nicht!«

Unsere Schwäche wird vom Hund sofort registriert, er nutzt sie aus bei passender Gelegenheit, und unsere »Rudelherrschaft«, unsere Autorität, hat einen ersten, entscheidenden Knacks abbekommen.

Mit einem freilaufenden jungen Jagdhund unterwegs zu sein, der sich noch von allem möglichen ablenken läßt, bedeutet, immer *vorauszuschauen* und *vorauszudenken,* was dem arglosen Wesen an möglichen »Gefahren« begegnen könnte. Z.B. mündet der Weg in eine Straße ein: rechtzeitiges Herbeirufen des Welpen, freundlicher Empfang und Anleinen, so kann nichts passieren.

Viele Menschen glauben, ein Hund könne grundsätzlich lernen und begreifen, Autos auszuweichen. Er soll aufpassen, heißt es!

Mich schaudern solch leichtsinnige Ansichten, wo doch in Hundezeitschriften, in einschlägigen Büchern, von Fachleuten, immer wieder darüber geschrieben wird, warum ein Hund das Auto nicht als »Feind« erkennen kann. Autos gehören nicht in ihre Instinktwelt, und den meisten von ihnen sind Autos sogar vertraut, durch das Mitfahrendürfen. Wo mit Fahrzeugverkehr zu rechnen ist, gehören Hunde daher grundsätzlich an die Leine.

Was geschieht, wenn ein junger Hund nie von der Leine genommen wird, seine Umwelt also nur aus dieser Sicht kennt? Wir begegnen beim täglichen Gassi-Gehen Menschen mit Hunden, von denen die einen ihr Herrchen oder Frauchen unangeleint begleiten, die anderen laufen immer nur an fester Leine. Auf Befragen, warum diese armen Kerle immer angeleint sind, gibt es immer dieselben Antworten, – gehorcht nicht und erkundet unbeeindruckt stur alleine die Gegend. Um sich Aufregungen zu ersparen, bleiben solche Hunde zeitlebens an der Leine. Sie haben meist traurige Gesichter oder sind mürrisch und bissig.

Bei Hunden, die auf diese Weise falsch erzogen und gehalten werden, ist das besonders schlimm, denn enge Zusammenarbeit mit dem Hundeführer kennen sie nicht. Kaum *geschnallt* – so nennt man in der Waidmannssprache das Lösen von der Leine – rennen

sie los wie irr, und der Jäger kann stehen und warten, bis sein Hund die Gegend vom Wild leergefegt hat.
Immer liegt dann die Ursache in der falschen Behandlung des Welpen. Aus Angst, er könnte weglaufen, durfte er nie von der Leine. Beim richtig erzogenen Welpen ist die Bindung zum »Rudel« noch so stark, daß er sich nie ohne weiteres davon lösen würde. Ein übervorsichtig gehaltener Welpe kann sein Rudelzugehörigkeitsgefühl, das freiwillige Nachfolgen und Anpassen, überhaupt nicht entwickeln. Die freiwillige, freudige Anhänglichkeit verkümmert.
Vieles, was den Menschen später als »Problem« an ihrem Hund zu schaffen macht, müßte keines sein, würde gerade im Welpenalter, im frühen Junghundstadium, nicht soviel durch menschlichen Unverstand versäumt.

Was alles so am Wege liegt

Ein Welpe sieht nicht nur mit den Augen, sein Hauptsinnesorgan, die Nase, wittert Dinge, von denen wir keine Ahnung haben und die unserer Meinung nach oft gar nicht appetitlich sind.
Unser junger Jagdhund benimmt sich vorläufig noch wie jeder andere Artgenosse. Ab der 10. bis ungefähr zur 16. Woche kommt der Hund in eine Nageperiode, in der er alles, was er findet, was ihm bedeutungsvoll erscheint, still vergnügt aufnimmt und zerkaut.
Die lieben Mitmenschen werfen viele Dinge weg, die eigentlich in die Mülltonne gehörten. Wenn leere Tüten und Becher nach Essen riechen, werden sie vom Hund mit Sicherheit gefunden. Schlimm, wenn der Welpe durch Unachtsamkeit der Menschen an Unverdauliches, Kantiges oder sogar Giftiges gerät, was er hinunterschluckt. Hat der Hund etwas aufgenommen, dürfen wir ihm auf keinen Fall nachlaufen. Es ihm abjagen zu wollen, ist zwecklos. Er wird seinen Fund, seine Beute verteidigen, und aus unserer Bemühung wird ein lächerliches Haschespiel.
So also nicht, aber wie dann? Greifen Sie zu einer List. »Schmeicheln« Sie ihm den vielleicht gefährlichen Fund ab. Gehen Sie in Hocke, bieten Sie ihm aus Ihrer Tasche ein Häppchen an. Das hat Erfolg. Wenn nicht, versuchen Sie es mit einem Tennisball, den Sie vor Ihrem Hund herhüpfen lassen. Eine neue Beute lockt, ein neues Spiel beginnt.
Mit meiner eigenen Hündin *Hera* erlebte ich eine ähnliche Episode, als sie in diesem »gefährlichen« Alter war. Sie schnappte sich die »Zierde eines Steingartens«, eine Smaragdeidechse, die drall und prall, den Bauch voller Eier, in der Sonne lag. Mein

kleiner rothaariger Frechdachs blieb in achtbarer Entfernung stehen und fixierte mich kritisch: wie wird sie jetzt reagieren?
Daß dem Welpen diese lebende Beute zu wertvoll war, als daß sie hätte ausgetauscht werden können, war mir klar, außerdem hatte ich gar nichts geeignetes bei der Hand, was ich ihr hätte anbieten können. Ich tat, als sähe ich die Eidechsenfängerin gar nicht, das wiederum war ihr aber auch nicht recht, sie wollte beachtet sein! An einer Seite ihres Fanges hingen der Kopf und die gespreizten Vorderbeinchen der Echse heraus, zur anderen der Schwanz, der reflexartig Wirbel schlug, und dann würgte und schlang der kleine Setter, bis er meines Steingartens Zierde verschluckt hatte. Wohl bekomms! Die Echse wurde einwandfrei verdaut.
Es kann auch sein, daß ein kleiner Jagdhund mit jedem Fund voll Vertrauen zum Menschen kommt und ihm seine Beute anbietet. Hier gilt es, eines zu beherzigen: über alles, wirklich alles, was immer uns der Hund *freiwillig* zuträgt, müssen wir uns freuen, und zwar ehrlich freuen!
Das hängt mit seinem Apportiertrieb zusammen. Macht der Welpe jetzt die Erfahrung – und Erfahrungen sammelt er am laufenden Band –, daß er, wenn er etwas findet und es zum Herrn trägt, gelobt und beachtet wird, so wiederholt er das Herantragen von Stöckchen, Papier und Schachteln. Wir enttäuschen den eifrigen, kleinen Hund auf keinen Fall. Dieses »Aufklaube-Spiel« legt sich bald wieder. Seufzen Sie also nicht, wenn der Welpe immer aufs neue etwas findet und bringt.
Auf besondere Gefahren zur Frühjahrszeit in der Feldflur möchte ich aufmerksam machen. Vorsicht, wenn die Spritzkolonnen und die Kunstdüngerstreuer unterwegs sind! Junge Hunde haben ihre Nase und Schnauze überall und wehe, wenn sie aus Regenpfützen am Wege schlappern, die voll Düngerreste und Spritzbrühe sind: Hunde können todkrank davon werden. Auch gespritztes Getreide darf der Hund nicht rupfen. So förderlich für die Entwicklung des kleinen Jagdhundes das Draußen-im-Feld-sein ist, zur Spritzzeit im Frühjahr sollte man solche Gegenden mit einem Welpen unbedingt meiden. Hat ein Welpe spielerisch Saathalme abgerupft und beginnt zu erbrechen, führt der erste Weg zum Tierarzt, nur er kann ein passendes Gegenmittel finden.
Es bleibt nichts anderes übrig, als gut aufzupassen in dieser Übergangszeit. Mit ein wenig diplomatischem Geschick gelingt es, ein angebotenes Stück Hundekeks oder einen geworfenen Ball, der zum Nachrennen einlädt, interessanter erscheinen zu lassen, als den gefährlichen Gegenstand im Hundefang und er wird ausgespuckt.

Junge Hunde und ihre Spiele

Junge Hunde haben Freude am Spiel. Fröhlich balgen sich die Welpen, kaum daß ihre Läufe sie tragen, beim Fang- und Haschespiel, im Beutegreifen und in harmlosen Kampfspielen. Das gehört in ihre Entwicklung, und auch der Betreuer eines Wurfes wird gern in ihre Spiele mit einbezogen und muß mitmachen.

Wenn ich einen Wurf aufziehe, dann gehört jede freie Minute den kleinen Hunden, und ich knie inmitten der munteren Schar. Herrscht schlechtes Wetter, dann »erzähle« ich meinen Hundekindern Geschichten vom Sonnenschein, von grünen Wiesen und habe andächtige Zuhörer. Sie verstehen nicht den Sinn meiner Worte, aber sie lauschen verzückt der menschlichen Stimme. Sie krabbeln auf meinen Schoß und kuscheln sich bequem, andere klettern auf meinen Rücken und beknabbern mit spitzen Zähnen genüßlich mein Ohr. Jeder versucht auf seine Weise »diesem« Menschen ganz nahe zu sein, will seinen Atem spüren, sucht den Hautkontakt und drückt mit feuchter Zunge seine hundliche Zärtlichkeit aus. Diese angewölfte Liebkosungsgeste ist für die notwendige Kontaktförderung und -pflege zwischen Hund und Mensch grundwichtig. (Nachzulesen z.B. auch im Buch der beiden Verhaltensforscher Walter und Christl Poduschka, »So entwickelt sich Dein Welpe«).

Solange ein Wurf noch beisammen ist, bleiben wir von den meist noch nadelspitzen Milchzähnen verschont. Das ändert sich, wenn der Welpe abgegeben und allein in seiner Menschenfamilie ist. Als Ersatz für seine Kampfspielpartner müssen nun Frauchens Wade oder Arme herhalten und es schmerzt ganz schön, wenn so ein energiegeladener kleiner Hund zwar nur spielerisch, aber doch recht spürbar, im Vorübergehen seine Eckzähne, die scharf sind wie kleine Dolche, an menschlichen Beinen ausprobiert.

Davonlaufen reizt den kleinen Kämpfer erst recht zum Verfolgen, mit einem derben »Pfui« ist auch nicht viel ausgerichtet; obwohl ich mich in einem solchen Fall nicht scheue, wenn ein Welpe gar keine Ruhe geben will und es immer nur auf meine Beine abgesehen hat, ihn beim Nackenfell zu packen und einmal kurz zu schütteln: »Pfui, und jetzt ist Schluß!«

Im Grunde genommen will der Welpe ja nur spielen, deshalb ist es ein besseres Rezept, ihn von uns abzulenken und ihn mit Dingen zu beschäftigen, die für ihn genauso interessant sind und woran er seine Beißlust austoben kann.

Ein großer Kalbsknochen, an dem noch etwas Fleisch hängengeblieben ist, mag zwar kein echter Spielpartner sein, aber der kleine Hund ist damit beschäftigt und wird dabei müde. Welpen können sich durchaus alleine vergnügen, mit einem Apfel z.B., der so schön rollt, mit einer Möhre oder einem alten Brötchen. Diese Gegenstände lassen sich mit Schwung schleudern, und wenn sie beim Aufschlagen klackern und damit gut zu hören sind, dann ist das erst richtig schön. Der Welpe genießt solche Spiele. Er holt sich das Spielzeug wieder, trägt es voller Besitzerstolz im Fang, bleibt plötzlich stehen und wirft es erneut durch den Raum, wartet wieder die Wirkung des Fallens ab und vergnügt sich still vor sich hin.

Ich konnte einmal den Schlüssel der Waschmaschine nicht finden und suchte tagelang danach. Ich fand ihn, ganz unverhofft, in einem Gummistiefel, der an der entgegengesetzt von der Waschmaschine liegenden Wand abgestellt war. Wie der Schlüssel in meinen Stiefel kam? Wer konnte das schon gewesen sein? Mein Setterkind Katreinchen, natürlich! Es hatte die Schnur am Schlüssel entdeckt, daran gezogen und hatte ihn schon im Fang. Der Schlüssel flog durch die Luft und landete prompt im Stiefel.

Auch alte Stofftiere, wie Teddys z. B. (ohne Glasaugen!), sind sehr beliebt. Die in Zoogeschäften erhältlichen Büffelhautknochen sind ein ideales Spielzeug. Die kleinen, dünnen kann der Welpe mühelos beknabbern, einspeicheln, Zähnchen daran wetzen. Er wird fertig damit und verdaut sie gut. Je größer so ein Büffelhautknochen, desto

Abb. 8. Ein Hasenbalg »läuft« über den Hof, weckt die Neugier der Welpen...

langweiliger ist er für kleine Hunde. Sie bekommen ihn nicht weich, weil ihre Zähnchen und ihr Kiefer dazu nicht die Kraft haben. Dann lutschen sie eine Weile darauf herum, und der teure Knochen bleibt unbeachtet liegen.
Eine aufgeblasene Papiertüte (keine aus Plastik!), in der ein Hundekuchen versteckt wird, die beim Schütteln raschelt, ist ebenfalls ein sehr begehrtes Spielobjekt; der Welpe muß sich mit Zähnen und Pfoten heranarbeiten, um an den Inhalt zu gelangen. Beißen und Reißen, Schleudern, Fangen und *Beuteschütteln*. Mit solchen triebgesteuerten Spielen soll sich ein heranwachsender Jagdhund beschäftigen.
Je mehr »Du-darfst-Spielzeug« wir dem Welpen anbieten, desto weniger angeknabberte Stuhlbeine und zerfetzte Teppichfransen gibt es.
Welpen fordern uns zum Mitspielen auf, halten voll Besitzerstolz ein Stöckchen oder einen Lappen fest im Fang und wollen, daß wir ihnen die Beute streitig machen, – wenigstens so tun als ob. Der kleine Jagdhund möchte seine Kräfte messen. Er bietet uns den Lappen an, den er fest im Fang hält. Wir ziehen dran, aber nur ganz, ganz sacht, nur keinen allzu festen Ruck und lassen dem Hund den Spaß am Erfolg. Ein einziger, unbedachter Zug könnte die Stellung der durchbrechenden Schneidezähne im weichen Kie-

Abb. 9. ...und den Jagd- und Beutetrieb.

fer schädigen! Besonders Kindern sollte man solches Tauziehen streng verbieten, weil es ihnen meist im Eifer des Gefechts doch an solcher Vorsicht mangelt. Ebenso ist Steinchenwerfen kein geeignetes Spiel für Hunde.
Einem heranwachsenden Jagdhund überläßt man unbeaufsichtigt auch keinen Hasenbalg, keine Flügel von Federwild und keine Rehdecke (Rehhaut) als Spielobjekte! Er würde das zwar alles mit Begeisterung zerlegen und zerrupfen, seinen späteren Aufgaben wäre es allerdings nicht zuträglich.
Alle Jagdbeute soll rasch und sauber apportiert werden, und auch das erlegte Reh ist unantastbar für den erzogenen Jagdhund. Alle Beute gehört dem Jäger.
Es ist Sache des Züchters, den ganzen Wurf im Alter von etwa sieben Wochen unter Aufsicht ab und zu mit echtem Wild in Berührung zu bringen. Die Welpen dürfen nach Herzenslust ihre Nase in Bälge und Federn stecken und mit den Zähnchen hineinfassen.
Mancher Jäger lächelt vielleicht über solche Hinweise auf hundliches Spiel, sinnvolles Beschäftigen aber ist wichtig für eine gesunde, robuste Entwicklung.

Die Apportierfreude und wie man sie fördert

Jede Woche im Leben eines jungen Hundes hat Bedeutung. Sein körperliches und geistiges Wachsen vollzieht sich rasch, und wir sind bedacht, nichts zu versäumen. Je älter der Hund wird, desto starrer wird sein Lernvermögen, und es gibt Abschnitte im Leben eines Hundes, die unwiederbringlich sind. Der kleine Hund darf richtig Hund sein, er soll eine unbeschwerte Zeit erleben, mit fröhlichen Spielen und abwechslungsreichen Spaziergängen mit gezielter Vorbereitung auf seine künftigen Aufgaben als Jagdhund. Der Mensch muß eine klare Zielvorstellung von dem haben, was sein Gefährte Hund später können soll, wofür er ihn bei der Jagd braucht. Vorrangig dabei ist der absolute Gehorsam; ohne diesen wäre auch der am besten veranlagte Hund wertlos. Von großen Gebrauchshunden (das ist der Sammelbegriff für alle Vorstehhunderassen) werden bekanntlich Leistungen *vor* und *nach dem Schuß* gefordert.
Ein guter Hund ist in allem perfekt. Dazu bedarf er aber auch eines geschickten Führers! Solche Hunde sind unbezahlbar, sie bedeuten ihrem Herrn jagdliche Sternstunden, wobei nicht die Beute zählt, sondern das herrliche Drumherum des Erlebnisses. Beim Vorstehhund versteht man unter *Arbeit vor dem Schuß* das Suchen, Finden und Vorstehen lebenden Wildes. Die sog. *Arbeit nach dem Schuß* verlangt von unserm Freund sauberes *Apportieren* geschossenen Wildes oder *danach suchen*, wenn es getroffen, aber geflüchtet oder abgestrichen ist.

Vorstehhunde werden alle genannt, die englischen, kontinentalen und deutschen Vorstehhunderassen. Ihr Aufgabengebiet ist vielseitig, denn außer Feld gehören meist noch Wasser und Waldgebiete zum Jagdrevier.
Weil die Grundlage eines soliden Gebrauchshundes eine gründliche Einarbeitung verlangt, ist eine solche frühzeitig begonnene Vorschule notwendig.
Den Anfang macht eine Aufgabe *nach dem Schuß* – das *Bringen* (Apportieren). Sie ist aus dem noch ausgeprägten Spieltrieb des jungen Jagdhundes heraus leicht zu entwikkeln und aufzubauen. Korrektes Apportieren mit sanftem Griff, mit sauberem *Vorsitzen* und *Ausgeben* ist reines Lernfach. Mit Spielerei wird aus keinem Hund ein verläßlicher Apporteur. Wer kennt nicht die unschönen Bilder bei Gesellschaftsjagden, wenn »Lux« und »Hasso«...durch den Trieb hetzen, Hasen fangen, beuteln und schütteln, daß die Rippen krachen und das Wildbret schon im Balg zum Ragout geknautscht wird! Die Hunde können nichts dafür, sie folgen allein ihrem Beutetrieb und sind ohne gründliche Ausbildung noch »anständig« genug, ihren Herrn die Beute herbeizuschleppen, wenn diese auch nicht mehr besonders einladend aussieht.
Beute fangen, greifen, im Fang halten und tragen, ist für die Hunde etwas ganz Natürliches. Das praktizieren bereits Welpen und haben viel Freude daran. Würde dieses Tun von Züchtern und Hundebesitzern nicht übersehen oder gar belächelt, dann brauchten sich die Führer mit ihren Hunden bei der späteren Abrichtung nicht monatelang zu plagen.
Wie rackert man sich ab, als Leiter eines Lehrgangs, von einem Wochenende zum anderen, bis die Hunde der Teilnehmer das Bringen kapiert haben! Ist es endlich geschafft, und die Hunde apportieren auch auf Entfernung, rückt oft schon der Prüfungstermin sehr nahe und viel wertvolle Zeit bleibt für andere Fächer ungenutzt. Wie einfach wäre das Erlernen des korrekten Apportierens, würde ein Hundekind vom Welpenalter an ernst genommen und seine vorhandenen Anlagen sinnvoll gepflegt!
Es sei auch hier wieder einmal ausdrücklich erwähnt, daß die Apportierlust beim kleinen Hund zu fördern nichts mit Stöckchenwerfen oder Bällchenrollen zu tun hat. Das ist Spielerei! Weil viele Menschen aber im Umgang mit dem Hund leider von einem Extrem ins andere fallen, will ich nicht unerwähnt lassen, daß Zwang erst recht nicht zum Ziel, sondern eher zum Gegenteil führt.
Stöckchenwerfen ist für Hunde, die apportieren lernen sollen, kein empfehlenswertes Spiel, und wenn der kleine Hund seinen Spielball durch die Gegend wirft, dem rollenden Ding nachläuft und es greift, läßt man ihm diese Freude, damit er sich austoben kann. Legt er uns den Ball vor die Füße und fordert zum Mitspielen auf, dann machen wir mit, rollen den Ball oder lassen ihn hüpfen, damit der Welpe die Beute erjagen kann im gemeinsamen Spiel. Nur gebrauchen wir dabei **niemals** das Wort: **Apport!** Spiel

muß Spiel bleiben! Aus diesem Grunde ist es auch notwendig, daß das Zusammensein und gemeinsame Spielen vom Welpen mit Kindern und Jugendlichen nur unter Aufsicht geschieht!
Wie aber äußert sich die *echte* Apportierlust beim jungen Jagdhund, wenn die üblichen fröhlichen Spiele dafür nicht in Frage kommen?
Altersmäßig zeigt sie sich etwa zwischen dem 4. und 7. Monat, nur wird sie meistens übersehen. Dieses Talent verkümmert, und der Hund muß bei der Abrichtung mühevoll erlernen, worin er hätte längst firm sein können.
Gute Beobachtungsgabe ist Voraussetzung, um den richtigen Zeitpunkt wahrzunehmen. Bei allen meinen eigenen Hunden machte sich der Apportiertrieb im Alter von etwa fünf Monaten so stark bemerkbar, daß er gar nicht übersehen werden konnte. Er stellte sich immer ganz plötzlich ein und jedesmal bei der Rückkehr von einem Spaziergang, wenn wir uns den heimatlichen Gefilden näherten. Einige hundert Meter vorher müssen nämlich alle meine Hunde an die Leine, weil das letzte Wegstück entlang einer verkehrsreichen Straße führt. Sowie der kleine Hund angeleint neben den großen trabt, ergreift er rasch irgend etwas, das am Wegrand liegt, einen Fetzen Papier oder ein Zweiglein. Findet er nichts, so begnügt er sich mit der Schlaufe der Leine oder, falls Frauchen, jahreszeitlich bedingt, Handschuhe trägt, mit einem solchen.
Die Beute festhaltend, hält er mächtig eingebildet den Kopf stolz erhoben und hat es sehr wichtig. Jetzt muß er ein dickes Lob bekommen. Durch nichts läßt er sich ablenken und strebt, einträchtig neben den großen Hunden laufend, mit seinem Fund im Fang, der Heimat zu.
Nach Betreten des Grundstückes schmeichle ich ihm den Gegenstand mit freundlichem »Aus« ab und tausche diesen sofort gegen eine kleine Belohnung.
Bei der Rückkehr von den nächsten täglichen Ausgängen wiederholt sich immer an der Stelle, an der alle Hunde an die Leine müssen, derselbe Vorgang mit pedantischer Genauigkeit. Der kleine Hund nimmt etwas in den Fang und trägt es nach Hause. Er wird zum Abschluß dafür gelobt und belohnt, denn damit steuere ich jetzt ganz bewußt diese von ihm gezeigte Lust am Tragen. In dem Moment, da der bereits angeleinte junge Hund nach einem Bringobjekt am Wege sucht, biete ich ihm unter aufmunterndem »Apport« ganz schnell einen in der Tasche mitgetragenen, ausgedienten Handschuh an. Er ergreift ihn sofort und trägt ihn.
Wenn der Junghund mit seinem »Apportierspiel« beginnt, erinnern sich auch meine »Großen« wieder daran, und machen sofort mit. So wiederholt sich jeden Tag auf dem Heimweg vom Bewegungstraining dieses »Spiel«, das jetzt zur echten »Aufgabe« geworden ist. Es ist merkwürdig, daß Junghunden das »Apportierspiel« immer dann einfällt, wenn sie müde sind vom Laufen und nach Hause streben.

Daheim wartet auf unseren Hund der volle Futternapf, er braucht keine Beute zu machen, um sich zu sättigen, aber diese Urfreude, eine Beute erjagt zu haben, auch wenn sie ihm aus Menschenhand angeboten wurde, steht ihm ins Gesicht geschrieben und drückt sich beim Tragen der Beute aus in stolzer Haltung vom Näslein bis in die Rutenspitze.

Was ein kleiner Hund dabei demonstriert, ist ja erwünschtes Tun. Das kann dazu genutzt werden, die korrekten Hörzeichen zu gebrauchen – »Apport« für Nehmen, und »Aus« für das Ausgeben der »Beute«.

Nimmt der kleine Jagdhund auf »Apport« etwas aus meiner Hand an, trägt er es sauber im Fang und gibt es aus, wenn es von ihm verlangt wird, erntet er Lob und Anerkennung. Solche positiven Erfahrungen sind wertvolle Erfolgserlebnisse, die fest im hundlichen Gedächtnis haften bleiben. Spielerei ist nun völlig ausgeschaltet, denn der Junghund ist an der Leine und trabt dicht an meiner Seite.

Um die Bring-Gegenstände noch interessanter zu machen, wechsle ich damit öfters ab. Statt des Handschuhs nehme ich z. B. einen leichten Kaninchen- oder Hasenbalg oder einen Gänseflügel.

Ist das Heimtragen über viele Wochen gepflegt worden, biete ich meinem *angeleinten* Schützling (wohlgemerkt, die Betonung liegt auf angeleint!) daheim oder während des Spazierganges, wenn keine Ablenkungen zu befürchten sind, einen ihm bekannten Apportiergegenstand zum Tragen auf kurzer Wegstrecke an, und zwar wie immer aus meiner Hand, und gebrauche dabei das übliche Hörzeichen »Apport«. Ich verhalte mich wie immer, auch das Sonderlob am Schluß bleibt nicht aus, und übe grundsätzlich nur dann mit dem Hund, wenn er voll konzentriert ist.

Hat er den Gegenstand einmal vorschriftsmäßig genommen und ein Stück weit getragen, ist das Training beendet und der Hund darf ohne Leine wieder frei laufen.

Ist diese Übung so aufgebaut, kommt ein Hund gar nicht auf die Idee, mit dem Gegenstand herumzuspielen oder ihn zu knautschen.

Das ist *Hin*erziehen zum sanften, sauberen Apportieren mit absoluter Schonung des Bringobjekts, später des Wildes. Auch eine tote Taube mit festem Gefieder (Federn mausernder oder sehr junger Tauben verkleben den Hundefang!), oder ein kleines Kaninchen darf der Junghund tragen, ebenso Krähen und Elstern. Von schweren Sachen bleibe der Hund verschont, auch starre Apportierböcke eignen sich nicht, denn meistens fällt die Zeit des Apportierenwollens mit den Wochen des Zahnwechsels zusammen. Da ist Vorsicht und Sorgfalt geboten, bei allem, was der Zahn- und weiteren Kieferentwicklung schaden könnte.

Sobald der Junghund dann die ersten Disziplinen des weiteren Gehorsams beherrscht, das *Sitzen* und *Sitzenbleiben* – man beginnt damit möglichst schon mit drei bis vier Mo-

Abb. 10. Mit gutem Griff gefaßt und im Galopp gebracht.

naten – reiche ich dem Hund einen Apportiergegenstand während er sitzt und lasse ihn diesen eine Weile halten, später auch einmal tragen. Ehe ich ihm alles mit »Aus« abnehme, lasse ich ihn wieder sitzen. Eines Tages nimmt er z. B. einen Kaninchenbalg auf Geheiß vom Boden auf, wenn ich darauf deute. Da ist keine Spielerei dabei, kein unnützes Schütteln der Beute, nur rasches Zugreifen, weiches Halten und korrektes Ausgeben. So erzogen, erlaube ich dem gelehrigen Schüler ab und zu, ein auf kurze Entfernung von mir vorher ausgelegtes, ihm bereits bekanntes Apportierstück zu holen. Das macht Freude!

Meine kleinen Hunde können bereits in einem Alter einwandfrei und korrekt leichte Sachen apportieren, da anderer Leute junge Jagdhunde die Zeit noch »völlig roh und unverdorben« in ihren Zwingern vergeuden und auf ihre Abrichtung warten.

Dann setzt bei jenen sture Dressur mit Korallen und Zwick in die Behänge und manch anderen drakonischen Maßnahmen ein. Sie werden als »sture Böcke« bezeichnet, Rassen als dickschädelig und harthörig verschrien und Züchter angeschwärzt. Nur die Schuld nicht in der eigenen, gedankenlosen Nachlässigkeit gesucht. Unsere heutigen Jagdhundrassen sind frühreif, und daran sollte man ernsthaft denken, wenn man einen jungen Jagdhund bewußt und gezielt auf seine späteren Aufgaben hin erzieht. Dazu ist es notwendig, die »Natur« gut zu beobachten, die Phasen, die ein Welpe bis ins Junghundalter durchläuft, richtig zu nutzen (genauer nachzulesen bei E. Trumler).

Meine ersten Erfahrungen mit einem lernwilligen jungen Jagdhund machte ich im Jahre 1943, als meine »Hera v.d. Wömmerlacke«, die Stammhündin meiner Irishsetter, im bewußten Alter von etwa fünf Monaten plötzlich eine wahre Apportierleidenschaft entwickelte. Sie duldete nicht, daß ich etwas trug; sie nahm mir energisch alles ab, was sie nur apportieren konnte und schleppte es voll ehrgeizigem Stolz neben mir her. Ich verstand dieses Verhalten zwar damals noch nicht, nutzte es aber trotzdem folgerichtig aus, so daß aus der Hündin ein vorzüglich anerkannter Jagdhund wurde, und ich mit ihr auch die ersten großen Preise und Erfolge einheimste.

Auch meine »Jenny« war sechs Monate jung, als sie sich bereits als »bringtreu« erwies, wie es ein fertiger Gebrauchshund nicht hätte besser machen können. Sie fand, von mir unbemerkt, im Uferschilf ein totes Bleßhuhn, griff es sofort auf, kam damit freudestrahlend zu mir und lieferte ihren Fund ab.

»Iris« spezialisierte im Alter von sechs Monaten ihr Näslein darauf, bei den winterlichen Futterstellen im Feld, die Überreste von Rebhühnern zu suchen und zu apportieren, die Greife geschlagen hatten. Sie klaubte aus eigenem Antrieb alles auf, was sie an Schwingen, großen Federn und Gerippen fand und brachte sie mir freudig, mit treuherzigem Blick. Mir blieb nichts anderes übrig, als Lob zu spenden und alle Knochen- und Federreste in Tüten zu sammeln.

»Hera« war sieben Monate alt, als unser Jäger einen Hasen im Feld beschoß – und anflickte. Die junge Hündin rettete die Situation, indem sie den kranken Mümmelmann fing und aus beachtlicher Entfernung herbeischleppte. Mit Gewicht und Balance kam sie noch nicht zurecht, das war klar. Aber sie lieferte den Hasen ab!

Das sind nur wenige Beispiele aus dem frühen Junghundalter meiner eigenen Setter.

Abb. 11. Erst fünf Monate alt und schon perfekter Apporteur.

Erwünschtes und unerwünschtes Verhalten

Für einen Welpen gibt es viele große und kleine Tabus, bis er sich in der Welt des Menschen zurechtgefunden hat. Nach *K. Lorenz* sind Hunde »... bildungsfähig, folgsam und disziplinierbar«. Diese Eigenschaften werden besonders beim jungen Jagdhund auf eine harte Probe gestellt. Für ihn gelten nicht nur »häusliche Gebote«, ihm wird auch draußen, in der Natur, vorzügliches hundliches Benehmen abverlangt.
Die von mir in einzelnen Kapiteln angesprochenen Disziplinen dürfen keinesfalls auf jeweils eine Entwicklungsstufe des heranwachsenden Jagdhundes bezogen gesehen werden.
Es kann sich bei einem jungen Hund die Apportierfreude z. B. zugleich mit der ebenso erwünschten Vorstehanlage zeigen oder keine von beiden. Der eine braucht länger in seiner Entwicklung oder es wurde bereits etwas von uns übersehen oder nicht beachtet.
Mensch und Jagdhund müssen in vertraulicher Harmonie miteinander leben. Der Mensch muß das Verhalten des Hundes aufmerksam beobachten, nur so kann er unerwünschtes Benehmen sofort unterbinden und alles Erwünschte im hundlichen Verhalten durch Anerkennung geschickt fördern. Der Hund registriert alle seine Erfahrungen, er vergißt sie nicht.
Der Hund erkundet mit uns beim täglichen Gang durch die Natur die Umwelt vorwiegend mit seiner Nase. Auch seine Augen sind beteiligt, vor allem dann, wenn er ein vor ihm flüchtendes Wildtier gewahrt. Hunde sind reine *Bewegungsseher* und die Fluchtreaktion von Wild löst augenblicklich den *Jagd- und Beutetrieb* aus: nachlaufen, so schnell die Läufe tragen, hetzen und fangen wollen, reiner Naturtrieb!
Gesundes Wild aller Art zu hetzen ist aber für ihn völlig sinnlos. Er wird es nicht stellen können. Wird dieser instinktgebundene Hetztrieb von uns nicht unterbunden, geraten alle »jagdlich edlen Tugenden«, alle feinen Manieren eines guten, brauchbaren Jagdhundes in Vergessenheit. Ein *Hetzer* hat kein Interesse, Wild mit der Nase auszumachen, es gekonnt vorzustehen, abzuwarten, bis sein Herr hinzutritt, gemeinsam mit seinem Menschen zu jagen. Er giert nur nach dem nächsten Hasen oder Reh.
Kommt so ein Hund nicht rechtzeitig in geschickte Führerhand, die seine natürlichen Triebe in die richtigen Bahnen lenkt, verwildern seine Anlagen, und er taugt nicht mehr für die Jagd.
Ein vernünftiger Führer geht mit einem jungen Hund durch Feld und Wald, läßt ihn aber nur dort frei laufen, wo nicht mit Wildbegegnungen zu rechnen ist. Wo das der Fall ist, bleibt der Hund besser angeleint.

Er soll und er darf Wild riechen und eräugen, aber vorerst an der Seite seines Führers. Herr und Hund beobachten gemeinsam einen Sprung Rehe auf der Waldwiese, Hasen, die zu Felde rücken oder aufbaumende Fasane. Jeder genießt auf seine Weise in Ruhe den Anblick.

Ist dem Junghund die Disziplin »Sitz« bereits kein Fremdwort mehr, und ist der Boden trocken, dann sollte der Hund beim Eräugen des Wildes sitzen und sitzenbleiben. Das erzieht zur Ruhe und dämpft das Temperament.

Es kommt bei Wildbegegnungen sehr auf das Benehmen des Führers an; würde dieser z.B. dem Hund unklugerweise Aufreizendes und Hetzendes zurufen, würde der kleine Vierbeiner, der ohnehin voll angespannter Neugier nach dcm Wilde äugt, nur noch aufgeregter werden. Durch viel Draußensein und Vermeiden von solch sinnlosem Hetzen wird der Hund daran gewöhnt, den Anblick von Wild aller Art in ruhiger Gelassenheit zu ertragen. So ist es richtig und schon viel Erzieherisches erreicht.

Hunde, die beim Eräugen von Wild außer Rand und Band geraten, sind falsch erzogen. Und an verhetzten Jagdhunden und Nichtjagdhunden gibt es wahrlich genug, durch menschlichen Unverstand und Gleichgültigkeit der Hundebesitzer.

Junge Hunde sind in ihrem Benehmen, ihrem Verhalten der Umwelt gegenüber, völlig unbekümmert und lassen sich von ihren Trieben leiten. Aber sie werden sich bestimmt nicht immer so verhalten, wie wir es wünschen und erwarten. Wenn wir später von einem »edlen und guten Jagdhund« sprechen und damit sein Leistungsbild umschreiben, dann ist das ein von Menschenhand geformtes Wesen, dessen »Weltanschauung« von einem begabten Führer, der bei der Frühsterziehung und der späteren Abrichtung mit Herz und Verstand vorging, geprägt worden ist.

»Hunde sind bildungsfähig, folgsam und disziplinierbar«... Glauben Sie nicht daran, daß sich gewisse Unarten mit dem »Vernünftigwerden« des jungen Jagdhundes legen werden. Unsere Hunde denken nicht wie ein Mensch, ihnen fehlt die »Einsicht« für Erwünschtes oder Unerwünschtes. Nachfolgende Beispiele sollen Ihnen erfolgreich erprobte Erziehungspraktiken zeigen.

Auf dem Weg zum Gehorsam

Hunde sind in ihrem Temperament verschieden. Es gibt ruhige, die sich auch beim Freilaufen in enger Bindung an ihren Menschen halten, immer darauf bedacht, den »Rudelführer« nicht aus den Augen zu verlieren, von sich aus eine gewisse Distanz einzuhalten und sich nie über diesen Entfernungsbereich hinauszubegeben. Sie bleiben lieber stehen und äugen nach ihrem Führer oder laufen zu ihm zurück. Wird dies recht angenehme Verhalten eines kleinen Hundes geschickt unterstützt, ist die Grundlage für eine gewisse Führigkeit schon gelegt.
Es gibt aber auch recht unternehmungslustige, von Umweltreizen stark beeinflußbare Hunde, die sich mit zunehmendem Alter beim Freilaufen immer weiter von ihrem Herrn entfernen, denen es gar nichts ausmacht, ihren Rudelführer dabei auch einmal für kurze Zeit zu vergessen.
Was tun? Abwarten, bis sich der Hund von selbst »korrigiert«? Damit geben Sie sich einer falschen Hoffnung hin! Das macht es nur noch schlimmer! Der Hund folgt ausschließlich seinen Trieben, ihm fehlt jede *Einsicht* in sein Tun, ob es uns paßt oder nicht. Zu warten, bis der Hund endgültig aus der Hand geraten ist, mit einem fremden Abrichter zu liebäugeln, der ihm den Gehorsam beibringen soll, wären schlechte Lösungen; für Hund und Herrn. Noch ist der Hund in einem leicht zu lenkenden Alter. Mit etwa einem halben Jahr versucht sich jeder einmal zu widersetzen, sich gegen den »Rudelführer« aufzulehnen, das muß durchaus nicht mit den Zähnen sein! Das geht mit noch viel mehr Raffinesse und Geschick. Bisher ist er immer willig herangekommen, wenn Herrchen rief, und ließ sich kurz streicheln. Jetzt muß Herrchen mehrmals pfeifen oder rufen bis der Hund sich bequemt, auch nur mal umzuäugen. Dies gehört zu den anfänglichen, kleinen, aber schwerwiegenden Widersetzungsmanövern, in welchen *wir* getestet werden. Das liegt in der Natur des Hundes, er will genau wissen, ob wir auch wirklich der ihm überlegene Rudelführer sind und – es hoffentlich, auch bleiben!
Lassen sich diese unerwünschten Verhaltensweisen bei unserem Hund feststellen, darf man sie von Anfang an nicht dulden, sondern muß sofort und geschickt mit aller Konsequenz eingreifen. Nur so bleiben wir der anerkannte Meuteführer und haben zeitlebens einen Hund, der uns durch seine Willigkeit und Führigkeit erfreut. Gute Hunde werden nicht nur gezüchtet und gewölft, sondern erzogen!
Was tun, wenn sich ein vor Lebensfreude nur so sprühender, aufgeweckter Halbjähriger beim Draußensein immer weniger um uns kümmert, und die Natur alleine mit Nase und Auge entdecken will? Es nicht so weit kommen lassen, vorbeugen!

Wenn ich z.B. bemerke, daß ich mehrmals einwirken muß, weil mir ein Junghund zu weit vorausläuft, nehme ich es nur zur Kenntnis und richte mich beim täglichen Gassi darauf ein. Kurzhalten und scharfes Beobachten sind meine »Waffen«. Mit einem Junghund darf man nicht durch die Gegend träumen, des Hundes Sinne sind immer wach, hellwach!

Ein junger Hund kann bei mir stets in Gemeinschaft mit seiner Mutter und meistens auch noch mit seiner Großmutter mitlaufen. Die Erziehung des Welpen ist dadurch sehr viel leichter. Die »Großen« sind ja alles »fertige« Hunde, mit abgeschlossener Ausbildung und immer im Training. Der junge Hund beobachtet ihr Tun und richtet sein Verhalten nach ihrem Benehmen. Pfeife ich, dann machen die Großen »auf dem Absatz« kehrt und kommen zu mir gerannt, der Kleine folgt ihnen aus purem Nachahmungstrieb. So gewöhnt er sich früh an Ruf, Wink oder den fürs Hereinkommen gültigen Doppelpfiff, und zwar vom ersten Tag des Mitlaufens an.

Merke ich, daß der Junghund nachlässig wird und plötzlich extra »angesprochen« sein will und draußen bleibt, während die gehorsamen Großen längst bei mir sind, greife ich zu einer List: ich spendiere den alten Hunden ganz auffällig eine kleine Belohnung fürs rasche Kommen. Das übersieht der Junghund auf gar keinen Fall, und gottlob hab' ich immer futterfreudige Hunde. Beim nächsten Hereinpfiff kommt auch der Junghund wieder mit »angeflogen« und erhält – er darf ja nicht enttäuscht werden – sein Häpp-

Abb. 12. Vier Monate alte Setterhündin steht gemeinsam mit der Mutter Rebhühner vor.

chen. Schon ist die gewohnte Gehorsamssituation für eine gewisse Zeit wieder hergestellt.
Mit ein bißchen Nachdenken und gütiger Konsequenz läßt sich ein Hund so formen, wie es erwünscht ist. Es gar nicht erst zu Wiederholungsfällen kommen zu lassen, dann machen wir es richtig.
Was aber, wenn keine großen, keine erwachsenen, firmen Hunde noch mit im Hause sind, die uns die Erziehung eines Welpen erleichtern?
Auch hier gilt wieder: nur vorbeugen, es nicht so weit kommen lassen, daß der kleine Hund unbekümmert zu weit voraus oder gar in die Felder oder ins Dickicht läuft. Werden diese Unarten erst gepflegt, glaubt der Hund, das könne so sein und ist es ungemein schwer, diese wieder zu beheben.
Helfen weder Konsequenz noch List, leistet die lange Leine immer wieder beste Dienste. Sie erzieht zur Ruhe und gewöhnt den Hund daran, eine gewisse Distanz zwischen sich und dem Führer nicht zu überschreiten. Ich erinnere daran, daß wir es mit einem etwa Halbjährigen zu tun haben, dessen Bewegungsdrang meist etwas gedämpft werden muß. Die meisten Fehler machen Besitzer von Jagdhunden, die selbst nicht jagen.

Abb. 13. Den jungen Hund an der langen Leine, trägt der Führer einen Handschuh zum Schutz vor Verletzungen durch einen unerwarteten Ruck.

Sie kaufen sich z. B. einen Spaniel (als drolligen Spielgefährten) oder einen Setter (wegen seiner sanften Augen und eleganten Schönheit) und glauben nun, sie müßten ihrem Hund alle Freiheit lassen. Gerade diese Rassen geraten dann, durch ihre große Jagdpassion, immer mehr aus der Hand, und die Auseinandersetzungen mit Jagdpächtern sind perfekt. Dann kommen die »Hilferufe«: Wie legt er das wieder ab? Einmal groß geworden im Milieu solcher Unarten, ist ein Hund vom Laien jetzt aber nicht mehr umzuformen, kein Hund korrigiert seine Fehler aus Einsicht oder gar aus Liebe zu seinem Herrn. Er lebt ausschließlich nach seinem Naturtrieb. Wer das nicht einsieht, sollte am besten die Finger von einem Jagdhund lassen. Hunde ohne wirklichen Rudelführer sind unglückliche Geschöpfe, nicht ausgelastet, werden zu Raufern und fallen sich und anderen zur Last.

Es ist leicht zu erreichen, daß ein junger Hund immer eine gewisse Entfernungsdistanz zu uns einhält und innerhalb unseres Einwirkungsbereiches bleibt. Man kann ihn z. B. regelmäßig zurückrufen und dabei stehenbleiben oder, wenn er mit dem Herankommen zögert, etwas rückwärtslaufen und dabei in die Hände klatschen oder auch nur in die Hocke gehen. Kommt er angesprungen, müssen wir ihn immer freudig empfangen. Diese Erfahrung muß er machen, sonst leidet das Vertrauen, und ohne diese Basis existiert kein echter Kontakt.

Eines jedoch dürfen wir *niemals* tun, ich erwähnte es bereits, einem nicht gleich herankommenden Hund *entgegenlaufen* oder ihn vielleicht gar fangen wollen! Wir sind der Rudelführer, und zu uns muß der Hund kommen, unverzüglich und auf jeden Fall. Gewöhnen wir gleich den willigen Welpen an freudigen Gehorsam, wobei wir vorerst ausschließlich mit Abliebeln, Lob und Belohnung »arbeiten«!

Gesunde Hundekinder sind voller Vertrauen und ohne weiteres bereit, zu lernen, Triebe und Instinkte zu unterdrücken und hundlich »umzudenken«, sich ihre »Weltanschauung« vom Menschen formen zu lassen, wenn nur der etwas taugt.

Mit dem Vogelhetzen fängt es an

Hat sich der junge Hund bisher für unsere Begriffe immer ordentlich benommen während des Draußenseins (Wildbegegnungen wurden von uns in dieser Zeit noch bewußt vermieden, solange der Hund frei lief), so erleben wir nach und nach kurze Phasen, in denen sich der Hund für Vögel zu interessieren beginnt, ihnen nachläuft und sie fangen möchte.

Was ist nur in den Kleinen gefahren, er ist nur noch am Schauen und sucht mit den Au-

gen nach Gefiedertem. Dabei ist er selig, wenn er es von Busch zu Busch jagen kann. Besonders verlockend sind Schwalben, die je nach Wetter, sehr niedrig nach Insekten jagen und im Zick-Zack-Kurs vor des Hundes Nase herfliegen, ihn direkt auffordern zum Hasch-mich-Spiel. Auch Kiebitze sind ein dankbares Objekt für den »Vogeljagetick«, denn kommt ein vermeintlicher Feind in die Nähe ihres Brutgebietes, dann beginnen diese Vögel jämmerlich zu klagen und stoßen haßerfüllt herab auf den Hund, lassen sich in kurzer Entfernung vor ihm nieder, rufen aufreizend und tun so, als wären sie krank. Mit diesem Verhalten locken sie Feinde von ihren Brutstätten.
Mit Wonne jagt sie der Hund und fällt auf die Taktik der schmucken, schwarzweißen Vögel herein, wenn, ja wenn nicht wir ihm dieses völlig sinnlose, unerwünschte Tun von Anfang an verleiden.
Der junge Jagdhund muß sich austoben, aber Hundebesitzer, die keine Jäger sind und die Leidenschaften der Jagdhunderassen nicht kennen, leiten deren Triebe fehl. Der Hund würde sich von selbst »korrigieren«, wenn er vernünftiger wird, ist die Meinung ahnungsloser Hundehalter. Er wird nicht, er kann nicht, weil er nur seinen Trieben folgt und der »Vogeltick« bedeutet die Vorstufe zu weiterem »aus der Hand gehen«. Der Hund wird alles hetzen, was in sein Blickfeld gerät oder in seiner Nase kitzelt.
Es ist ganz natürlich, daß im Junghund der Trieb zum Jagen und Hetzen durchbricht. Dieser Urtrieb setzt sich durch mit dem Selbständigerwerden. Innerhalb eines Wolfsrudels müßte der junge Hund langsam damit beginnen Beute zu machen, also selbständiger zu werden. Dieses »Überbleibsel« bei unseren Hunden darf uns also nicht aus allen Wolken fallen lassen, und schimpfe keiner seinen Hund, weil ihm plötzlich Gefiedertes so interessant erscheint oder weil er am Horizont verschwindet wegen eines zufällig über den Weg gelaufenen Hasen.
Nur unwissende Menschen »strafen«, verprügeln einen von der Hetze zurückgekommenen Hund. Wer einen Jagdhund halten möchte, muß sich gründlichst über die Natur der Jagdhunde informieren, Erfahrungen sammeln, um später den eigenen Hund richtig zu verstehen.
Meist genügt ein scharfes »Pfui«, wenn er z. B. eine Amsel am Wege aufscheucht und hinterherlaufen will. Das Pfui muß aber bereits kommen, sobald der Hund sich zum ersten Sprung anschickt, danach bleibt es wirkungslos. Oder, es hilft ein wohl gezielter Wurf mit einem Erdklumpen, der genau in dem Moment auf des Hundes Hinterteil landen muß, wenn unser »Pfui« ertönt und ihm so das Nachsetzen hinterm Vogel verleidet. Auch ein zusammengeknotetes Kettchen oder ein alter Schlüsselbund sind gute Hilfen und unterstützen unser Verbot sehr wirksam. Vorausgesetzt, man kann gut zielen, und das scharfe Pfui ist damit kombiniert.
Als meine »Iris« als Junghund erstmals einen Flug Saatkrähen erblickte, die im

Herbstwind bald hoch, bald nieder über die Flur strichen, begleitete sie mit hellem Jauchzer die Schar eine Weile, kam dann zurück und gab mir mit leuchtender Miene zu verstehen, wie schön das war.
Bei nächster Gelegenheit, als wieder Krähen nieder über die Äcker flogen, – Klein-Iris lief frei am Rad voraus und schickte sich an, intensiv nach den schwarzen Gesellen zu äugen –, beobachtete ich sie scharf und beim ersten Ansatz zum Galopp erreichte sie mein donnerndes »Pfui«, und ein gezielter Wurf mit der Kette landete auf ihrem Hinterteil. Die Überraschung war groß, Frauchens Pfui war auch noch spürbar!
Es gab keinen Rückfall mehr, es genügte ein leise warnendes Klirren mit der Kette volllauf und die Krähenhetze war nicht mehr interessant. Ein Blick zu den Rabenvögeln und ein verständnisvoller zu mir, der besagte: »Ich weiß schon, bin ein braver Hund«, und die Welt war in Ordnung für uns zwei.
Mit Erdknödel oder Wurfkette aber läßt sich nur etwas erreichen, wenn der junge Hund in unserer Nähe ist.
Was aber, wenn eine vor dem Hund aufstehende Lerche am Feldrain diesen so schnell in »Raseritis« verfallen läßt, daß er blindlings losrennt, nur um des Laufens willen, denn der Vogel ist ja längst in der Luft.
Wiederholt sich so etwas, kommt unser Freundchen künftig an die lange Leine, das ist zwar umständlich, hilft aber und führt zum Erfolg. Nur dauert es eben seine Zeit.
An einer 10 bis 15 m langen Feldleine wird er uns künftig begleiten. Wir tragen einen festen Handschuh dabei, denn der Hund könnte uns einen unverhofften Ruck geben, in die Longe springen und ohne Schutz der Hand ginge die Haut in Fetzen. So haben wir den jungen Hund am Band und können mit Pfui und wenn nötig mit Leinenruck künftiges Vogelhetzen verhindern. Natürlich merkt der kleine Hund, daß er unter Kontrolle geführt wird. Das muß auch für einige Wo-

Abb. 14. Dieser Kleine Münsterländer darf völlig frei, ohne Leine, arbeiten. Er steht bereits sicher vor.

chen bleiben, bis er sich für Vögel am oder neben dem Weg, oder in der Luft, nicht mehr interessiert, sie nicht mehr jagen und hetzen will.
Und eines Tages, wenn es wirklich keinen Rückfall mehr gegeben hat, ist die Longe nur noch eine etwa 2 m lange Schnur, die der Hund, der nicht mehr angeleint ist, mitschleift und so belassen wir ihn im Glauben, daß er immer noch an der langen Leine läuft.
Das Vogelhetz-Alter ist bei einem jungen Hund eine sehr kurze Periode, sie verschwindet nach wenigen Tagen, wenn ihm dieses unerwünschte Tun sofort verleidet wird. Der Hund will sich die Folgen seines Hetz-Vergnügens nicht mehr einhandeln, Wurfkette oder Erdknödel haben ihm doch einen Schrecken eingejagt.
Wehe aber, wenn das Vogelhetzen dem Hund nicht verboten wird, dann kommt der Tag, an dem wir mit einem temperamentgeladenen Junghund nicht mehr ohne Aufregungen in die Natur gehen können.
Der Jäger kann einen solch *verhetzten* Hund nicht brauchen, blinde Hetzer können sich nicht konzentrieren, weder vor, noch nach dem Schuß. In früher Jugend also stellen wir dafür geschickt die Weichen.

Auf Sicht markieren – das erste Vorstehen

Bleibt ein junger Vorstehhund sich selbst überlassen, so kann es sein, daß bei ihm Hetztrieb und Beutejagen überwiegen. Die Anlage, »vor dem Wild« stehen zu bleiben, wenn er es wittert, kommt dann nicht zur Entfaltung, sondern verkümmert und wird vom Urtrieb überlagert.
Es kann aber auch vorkommen, daß der Trieb zum Vorstehen so ausgeprägt durchschlägt, daß er ganz einfach »von sich aus« damit beginnt. Dann müssen wir dieses erwünschte Verhalten nur systematisch weiter fördern und bekommen *den* perfekten Vorstehhund. Auch beides kann sich beim Jagdhundekind zeigen, es schlummert ja Urhundliches und züchterisch Gewolltes in seinem Blut.
Noch gehen wir nicht bewußt an Wild, doch kann es geschehen, daß in einem Busch am Weg ein Fasan liegt und der Hund davon Wittrung bekommt. Dann zeigt er sein erstes schönes Vorstehbild. Beim Abstreichen des Gockels äugt er ihm erstaunt nach oder er hetzt ihn, je nach Temperament, um ihn zu fangen. Das ist ja noch nicht schlimm und wir wissen das leicht abzustellen.
Mit etwa fünf Monaten wissen Jagdhunde, die viel mit ihrem Führer in der Natur waren, ihr Näslein schon recht intensiv zu gebrauchen, auch wenn sie noch nicht bewußt an Wild gebracht worden sind.

Abb. 15. Setterwelpe Iris im Alter von 6 Wochen beim »auf Sicht Vorstehen« des Kaninchens.

Das *Vorstehen* beginnt meist mit dem »auf's Auge« Vögel Zeigen. Eine Amsel, ein Star, die im Garten nach Würmern stochern, kann eine ganze Welpenschar im Alter von erst acht bis zehn Wochen urplötzlich in Vorstehposen verzaubern. Erst beäugen sie alle den schwarzen Vogel, werden feierlich ernst dabei und nehmen gespannte Haltung ein, dann beobachten sie sich gegenseitig und sekundieren einander. Stehst du vor – steh ich auch vor! Ein Welpe ist vielleicht dabei, der den Vogel beschleicht. Sachte eine dicke Pfote vor die andere setzend, sehr vorsichtig den Vogel, dann den Abstand taxierend, lauert er wie ein zum Sprung bereiter Löwe im Steppengras, schnellt vor, will greifen, aber der Vogel fliegt weg und der Zauber ist vorbei.
Meine »Iris« und ihr Wurfbruder »Isko« konnten am braunen Hauskaninchen »Susi«, das in Freiheit auf meinem Grundstück lebte, ihr rassentypisches Spezialistentum demonstrieren, indem sie dem hoppelndem Felltier hingebungsvoll nachschlichen und sich schon wie große Setter benahmen; dabei waren sie doch erst sechs Wochen jung. Es sah drollig aus, wenn sie vor einem Busch feststanden, in dem das Kaninchen steckte.

Sie hielten aus, bis ihre dicken Babyläufe zitterten und sie Mühe hatten, mit dem prallen Hinterquartier die Balance zu halten.
Manchmal rückten sie behutsam auf und steckten genüßlich die Näslein in den Balg des Tieres. Susi, die an Hunde gewöhnt war, duldete das, und wenn sie flüchtete, legten sich die zwei Setterwelpen in die noch warme, von ihr verlassene Erdmulde.
Hat ein Jagdhund einen älteren, gut abgeführten Artgenossen, mit dem er gemeinsam aufwächst, dann lernt er beizeiten, sich für bestimmte Wildarten zu interessieren. In den 50er Jahren, als unsere Feldflur noch reich an Federwild war, riefen und lockten die Rebhühner um die Dämmerstunden zur Frühjahrs- und Herbstzeit, und ihr kreischendes »Tschirrick-Tschirräck« war weithin zu vernehmen.
Beim abendlichen Spaziergang über leere Wiesen oder dem Feldrain entlang, schlichen meine Setter nur noch vorsichtig, bei jedem Rufen der Hühner lauschend, die Nasen in die Windrichtung hängend, denn wenn ihr Lieblingswild zu hören war, dann mußte es auch zu riechen sein!
Die kleine »Fricka«, damals 16 Wochen jung, lief mit ihren großen Gefährtinnen brav mit und beobachtete deren Verhalten, horchte ebenfalls gespannt und reckte ihr

Abb. 16. Kleiner Münsterländer beim Vorstehen einer Wachtel. Er bekommt Wittrung...

schwarzes Näslein wie die Großen in den Wind oder nahm die Nase bodenwärts, wenn frisches Geläuf der Hühner zu riechen war oder sich ein Häslein vorbei gedrückt hatte und seine Spur noch haftete. Und als sie volle Wittrung bekam von Hühnern, die dicht vor ihr in der Furche lagen, kam der große Zauber der Feldjagdhunde über sie und auch sie stand wie angewurzelt fest.

Das Beispiel guter, erwachsener Hunde, die sich mustergültig verhalten, erleichtert natürlich die Erziehung und spätere Führung eines Junghundes derselben Rasse. Ist aber ein Junghund ständig mit einem älteren Hund zusammen, der verdorben ist, der keinen Gehorsam hat und Wild hetzt, dann stellt sich auch der junge sofort darauf ein und pflegt seine Urtriebe. Es nützt auch nichts, wenn z. B. ein junger *Vorstehhund* einem *Wachtelhund* oder einem jagderfahrenen *Dackel* zugesellt wird.

Stöberhunde interessieren sich vorwiegend für Bodenwittrung, Wildgerüche von Haarwild, die an der Erde noch eine Weile haften, ehe sie sich verflüchten.

Ein junger Hund läßt sich gern von einem älteren Hund anleiten; woran dieser riecht und wittert, ist auch für ihn bedeutungsvoll. Und ein angehender Feldgebrauchshund darf sich nicht nur allein für Spuren und Fährten interessieren, er muß frühzeitig erfah-

Abb. 17. ...und hat die Wachtel fest.

ren, daß der Wind sein Verbündeter ist, mit dessen Hilfe er z. B. Federwild finden kann. Stöberhunde und Vorstehhunde leben in zwei grundverschiedenen Welten, wenn sich auch ihr Aufgabenbereich in manchem ähnelt und überschneidet, auch wenn beide Rassen dasselbe leisten, z. B. beim Verlorenbringen nach dem Schuß oder im Wasser. Ihre speziellen Anlagen und jagdlichen Leistungen sind dennoch von Grund auf verschieden, hier der Stöberer für den Wald – dort der Vorstehhund für die offene Feldflur.

Der einzeln aufwachsende Vorstehhund zeigt seine rassentypische Eigenschaft des Markierens, des Vorstehens, meistens zuerst auf Sicht. Er verweilt vor Gefiedertem am Wege, vor einer Schar Tauben oder vor Nachbars Hühnern in Lauerhaltung regungslos, zieht dabei angespannt die Behänge hoch und läßt sich mit tiefernstem Ausdruck vom »Ersatzwild« bannen. Wie in Hypnose verharrt der Hund, starr von der Nase bis in die Rutenspitze, und doch geschieht nun etwas, das einen wunderbar berührt, wenn nun der kleine Hund sein Köpfchen sacht in Richtung seines Führers dreht und kluge Augen eindringlich sprechen: »Du, ich hab ›Wild‹ gefunden und markiere es. Gefällt es Dir?«

Kann ein Geschöpf mehr Beweis an innigem Kontakt und Vertrauen zu seinem Menschen aufbringen? Er will »jagen« mit ihm, seinem Rudelführer, und bietet all seine Anlagen und sein Können an.

Und wehe, wenn der sie nicht beachtet und meint, er müsse lächeln über das Verhalten des Hundekindes! Es steht ja bloß einen Vogel vor, der im Gras nach Würmern sucht. Vorstehen auf Sicht, aufs Auge, ist etwas Sinnloses! Wenn sich ein Hund diese Unart angewöhnt, ist das doch später lästig bei der Jagd. Was der Hund äugen kann, kann auch der Jäger sehen und das braucht nicht vorgestanden zu werden. Also – »Pfui« –, wenn der Hund vor Tauben oder Vögel markiert?

Auf gar keinen Fall! Ängstlichen Gemütern sei gesagt, daß sich, sobald der Hund am Wild abgeführt wird, das Vogelvorstehen sowieso verliert. Ein junger Jagdhund ist sehr bildungsfähig, und wenn er etwas sensibel ist, unterläßt er auf das »Pfui« des Herrn zukünftig dieses wichtige, lustvolle Tun. Er wagt nicht mehr vorzustehen, geschweige denn, seinen Rudelführer mit den Augen heranzuweisen. Der sich sehr überlegen und klug vorkommende Zweibeiner hat damit in dieser Erziehungsphase seines Junghundes einen Riesenfehler gemacht.

Vorstehen bleibt Vorstehen für den Hund, ob er nun aufs Auge etwas zeigt oder später mit der Nase – Herrchen wünscht es nicht, *das* wird registriert –, *die* Erfahrung hat der Hund gemacht, sie prägt sich ein! Der Junghund wollte beim Sichtvorstehen die Zustimmung seines Rudelführers, das wäre die Grundlage zur Förderung seiner Feldhundtalente und Führigkeit gewesen und der Anfang für den künftigen Verweiser.

Wie verhält man sich nun aber richtig, damit die Entwicklung nicht ungünstig beeinflußt wird? Nicht jeder junge Hund steht auf Sicht vor, manche tun es nie und reagieren erst später auf den unmittelbaren Nasenreiz. Es wäre also ungerecht und grundverkehrt, einen Junghund, der sich für das »Sichtvorstehen« nicht interessiert, als schlecht veranlagt bezeichnen zu wollen. Wenn er aber gerne markiert, dann lassen wir ihm diese Freude und gehen auf das Spielchen ein. Wir jagen platonisch mit ihm, indem wir langsam auf den Hund zugehen, so, daß er uns im Auge hat und fassen, wenn möglich, sachte in seine Halsung. Dabei loben wir ihn leise, bis der Vogel abfliegt.
Nachhetzen kann er nicht, wenn es gelungen ist, ihn bei sanftem, lobendem Streicheln am Halsband zu halten. Damit ist schon die Vorstufe erklommen, um die Ruhe vor dem abstreichenden Federwild zu bewahren.
Einen *Leitsatz* präge sich jeder Führer eines Vorstehhundes ein: *Wenn der Hund vorsteht, muß ich hin und ihm sein Wild heraustreten.* Der Hund darf nicht enttäuscht werden. Diese Spielregel behält ein ganzes Jagdhundeleben lang seine Gültigkeit.
Ich kenne Jäger, die lassen ihren Hund auf stillen Wegen im Revier dem Auto vorauslaufen, um ihm so Bewegung zu verschaffen. Trifft der Hund dabei auf warme Wildwittrung und steht vor, sind sie zu faul anzuhalten, auszusteigen, hinzugehen und vor dem Hund das Wild herauszutreten. Sie fahren langsam weiter; der Hund wird schon nach einer Weile nachkommen. Das tut er auch, aber man wundere sich nicht, wenn die Zusammenarbeit mit seinem Herrn und seine Vorstehmanieren immer schlechter werden.
Wenn ein junger Jagdhund das Sichtvorstehen pflegt, nützen wir das bewußt und sinnvoll aus. Es vertieft Kontakt und Vertrauen. Der kleine Hund »jagt« bereits mit uns und wir mit ihm. Er gewöhnt es sich an, auf seinen Menschen gut zu achten, weil auch er gebührend Beachtung findet und sein Tun ernst genommen wird, und das ist wichtig!

Eindrücke sammeln

In Gemeinschaft mit einem Hund die Natur zu erleben, ist immer interessant. »Mitläufer« stören dabei nur. Des Hundes Sinne machen auf so vieles aufmerksam, sind ein Mittler zu den Offenbarungen der Natur, die wir ohne ihn nie wahrnehmen würden.

Am Waldrand schlägt die Rute z. B. Alarm, und das heißt warme Fährten, hier wechselten Rehe, aber wir lassen sie ziehen! Auf dem Waldweg darf der Junghund, wenn er gut gehorcht, ohne weiteres frei laufen. Will er im Dickicht, aus dem es verführerisch riecht, verschwinden, dann heißt es: »Raus!«, und wenn das nicht unverzüglich die nötige Wirkung hat, dann fliegt geschwind zur Unterstützung des »Befehls« ein Erdknödel aufs Hinterteil. Dieser darf aber niemals folgen, wenn der Hund vorsteht.
Es wäre pures Gift, dürfte ein junger Vorstehhund, außer Kontrolle seines Herrn, in der Dickung oder in einem Maisfeld stöbern. Ein Vorstehhund arbeitet immer unter Augenkontrolle des Menschen und zu frühes Stöbern ließe keine Feinheiten des gemeinsamen Zusammenspiels aufkommen.
Auch für den erwachsenen Vorstehhund ist es später nicht gut, wenn er zuviel für herbstliches Stöbern in Mais und Wald verwendet wird. Wer mit seinem Junghund sehr viel im Wald spazierengeht, der wird erleben, daß er die Nase viel bodenwärts hält, weil es dort viel zu riechen gibt. An Erde, Moos und Gräsern bleibt die Wittrung haften von ziehendem Wild, die sich auf dem meist feuchten Waldboden länger hält, als draußen in der Flur.
Vorstehhunde, die ihre Jugend mehr im Wald verbringen und dort ihre Eindrücke am Haarwild sammeln, neigen dazu, auch im Felde, beim Suchen nach Federwild, die Nasen mehr bodenwärts zu richten.
Im Feld kann der Hund beim Suchen und Finden nur Erfolg haben, wenn er den Wind zu nutzen weiß, denn der ist sein Verbündeter.
Es ist schwer, einen vorwiegend im Wald aufgewachsenen jungen Vorstehhund, der sich auf Bodengerüche eingestellt hat, im Felde abzuführen. Er klebt an Spuren und Fährten, stochert an Wittrung von Geläufen und Gestüber. Es fehlt ihm die Erfahrung, sich dem Wind anzuvertrauen.
Umgekehrt aber fällt es dem Hund, der nur die offene Flur kennt, verhältnismäßig leicht, sich im Wald umzustellen und jetzt die Nase tiefer zu nehmen.
Für den im Wald geführten Hund spielt der Wind keine so große Rolle. Gewiß nimmt er ihn auch zu Hilfe und wittert in die Dickung, der Hund der offenen Feldflur aber ist nur auf den guten Wind angewiesen; den muß er sich holen, wenn er finden will. Das ist mit ein Grund für die »beweglichere« Nasenführung.
Lassen wir den Junghund Eindrücke sammeln im Feld und Wald, beim täglichen Spaziergang oder Reviergang, damit sich das Näslein an all die vielen Gerüche beizeiten gewöhnt und die spätere Einarbeitung weniger Schwierigkeiten macht!
Zu den Eindrücken früher Jugend sollte auch das Kennenlernen von Hausgeflügel gehören. Wächst der Hund mit solchem Federgetier auf, hat das für seine spätere Profession große Vorteile. Zwar sind Gänsescharen und gackernde Hühner heute auch von

Abb. 18. Durch den täglichen Anblick von »Federvieh« lernt der Hund, es zu respektieren.

den dörflichen Straßen verschwunden, aber auf Weidekoppeln und rund um Einzelgehöfte können sie dem Hund immer noch begegnen, und weil Hühner beim Anblick eines vermeintlichen Feindes gern in Panik geraten und durch dieses Verhalten beim Hund den Jagd- und Beutetrieb auslösen, ist es gut, wenn der Hund diese Tiere kennenlernt, die dem Menschen gehören und die man respektieren muß.

Gehen Sie deshalb zu Bekannten oder Nachbarn Hühner füttern, und lassen den Welpen mitten unter die pickende Schar sitzen. Er soll auch ein Huhn beriechen und wird ganz ruhig belehrt, daß dieses Getier zu den großen *Tabus* gehört.

Der kleine, bildungsfähige Hund wird aufmerksam beobachten, zuhören und rasch begreifen, was wir von ihm verlangen. Sollte es aber passieren, daß sich der junge Jagdhund beim Gang ums Dorf ein kreischendes Huhn ergriffen hat, dann machen Sie bloß kein Drama daraus, sondern bezahlen die bestimmt »beste Legehenne« des geschädigten Bauern. Suchen Sie dann die Schuld nicht bei dem Welpen, sondern seien Sie wachsamer. Lasse sich kein Jagdhundbesitzer dazu verleiten, dem Hund das getötete Haus-

huhn verärgert um den Fang zu schlagen! Davon wird das Huhn nicht mehr lebendig, und je nach Alter des Hundes kann dieser empfindlich reagieren und dieses unliebsame Erlebnis registrieren. Später, beim Federwildapportieren, wird das Schwierigkeiten bringen! Solche bedenklichen Jugenderlebnisse sind vermeidbar, wenn der Hund des öfteren unter Aufsicht mit Hausgeflügel in Berührung kommt, es zu respektieren lernt. Hat ein Jagdhund in seinen ersten Lebensmonaten außergewöhnliche Erlebnisse, so kann ihn das sowohl positiv als auch negativ stark beeinflussen.
Mit der damals sieben Monate alten »Fricka« radelte ich gemütlich der Donau entlang, durch den Auwald. Fricka lief frei voraus. Jägerbekannte begegneten uns und baten um Mithilfe bei einer Nachsuche nach einem am Vorabend gefrevelten Bock.
Ich hatte Einwände, zum einen wegen des jugendlichen Alters der Hündin, zum andern erziehe ich meine Setter zu reinen Feldhunden, und nicht zur Verwendung im Wald. Weil aber im Moment kein anderer Hund zur Verfügung stand, wollte ich sie es mit der Nachsuche wagen lassen.
Ich leinte Fricka an und ging den Jägern voraus, in die von ihnen angegebene Richtung. An einem Rehwechsel verhoffte die Junghündin und ihr Näslein buchstabierte aufgeregt an Brombeerblättern, ihre Augen blitzten mich vielsagend an. Schweiß, wir hatten Schweiß gefunden!
Dann tastete sich meine Kleine, sehr selbstbewußt ihrem Näslein vertrauend, langsam und bedächtig auf der Krankfährte voran, zeigte immer wieder rote Schweißtropfen, die an Gräsern und Kräutern glänzten wie Morgentau. Der angeschossene Bock hatte mehrmals Widergänge gemacht, war kreuz und quer durchs Weidengestrüpp gezogen. Wir folgten seiner Wundfährte und hinter uns kamen die Jäger nach. Dann wurde plötzlich die Leine locker, Fricka stand da und »jubelte«: vor ihr lag der verendete Rehbock. Dieses eindrucksvolle Jugenderlebnis, ein Erfolgserlebnis, prägte die Hündin so sehr zum brauchbaren Hund für Nachsuchen auf Schalenwild, neben ihrer eigentlichen Aufgabe als Feldhund, daß sie dazu keiner besonderen Einarbeitung, wie z. B. das Üben auf Kunstfährten, bedurfte.

Mit Tieren aufwachsen

»Idyllen« zu dulden und zu respektieren, in denen sich Tiere verschiedener Arten gut miteinander vertragen, in denen aber nicht nur an Hund oder Hauskatze, Meerschweinchen, Zwerghase oder Zimmervögel gedacht wird, lernt der Hund leicht. Ich denke in diesem Kapitel an Tiere, die in Aussehen und Verhalten Ähnlichkeit haben

Abb. 19. Gleich und gleich gesellt sich gern. Englishsetter und geschecktes Kaninchen.

mit dem Wild draußen in der Natur. Gemeint sind damit z. B. Hausgeflügel oder Hauskaninchen, die aufgrund ihrer braunen Färbung einem Feldhasen ähneln können.
Wer ein Grundstück hat und Freude an Kleintieren, die er halten kann, sollte die Gelegenheit nutzen, die Erziehung und die spätere Abrichtung des Jagdhundes dadurch positiv zu beeinflussen. Dies hätte allerdings keinen Sinn, dürfte der Hund den Stallhasen nur eingesperrt in seinem Käfig kennenlernen.
Der »Hoppler« muß sich völlig frei auf dem Grundstück bewegen dürfen, unter Büschen sein Lager bauen können und ein ziemlich normales Leben führen.
Die erste Bekanntschaft mit Hauskaninchen machen meine Welpen im Alter von vier bis fünf Wochen. Ich setze einen zahmen, ausgewachsenen Rammler zu ihnen. Erst ist großes Staunen, dann umringen sie das interessante Tier, stecken ihre Nasen in seinen dicken Balg, klettern wie die Saupacker auf seinen Rücken und versuchen, ihre kleinen Mäulchen sperrend, sein Fell zu erfassen. Das macht dem Rammler nichts aus, denn mit den Milchzähnchen können sie ihn nicht verletzen.
Wenn ein Welpe die Löffel des Hasen erwischt, reagiert dieser allerdings empfindlich und befreit sich von den lästigen Anhängseln, die nun durcheinanderpurzeln. Das alles

Abb. 20. Im Hasengarten. Dieser Setterwelpe wächst mit Kaninchen auf und begegnet ihnen alle Tage.

darf nur unter Aufsicht geschehen, und wenn die Hunde den Hasen auf »ihre« Art begutachtet haben, ist die Vorstellung für Tage beendet.

Von ungefähr der 6. Woche an gibt es das »Hasenspiel« für den Wurf nicht mehr. Danach können die inzwischen nadelspitzen Milchzähne Verletzungen verursachen.

Sobald aus dem von mir gezogenen Wurf jeder Welpe eine neue Heimat gefunden hat und nur noch der Welpe bei mir ist, den ich zu meinen »Großen« geselle, kommt die Begegnung mit dem großen Nagetier wieder. Nun muß sich der kleine Hund daran gewöhnen, daß außer ihm und den großen Settern auch noch andere Tiere, solche mit Federn und Balg in Hof und Garten herumlaufen, die sich ihres Daseins in Freiheit erfreuen, und daß man diese respektieren muß.

Alle Tiere dürfen berochen werden, das ist erlaubt, aber dem Hasen nachzurennen, wenn er ums Hauseck flitzt, oder dem bunten Zwerghahn, wenn er seine Hennen spazieren führt, das ist tabu! Ich nehme den Welpen dann selbst am Nackenfell und halte ihn so lange zurück, bis der Hetztrieb abgeklungen ist und er sich beruhigt hat, um nun wieder gelassen das Kaninchen zu beäugen. Das erfordert die ersten Tage natürlich viel

Geduld, und der kleine Hund darf nur unter Aufsicht mit den Kleintieren zusammenkommen. Beim Hund ist alles Gewöhnung, und mit viel konsequenter Ausdauer und unendlicher Geduld ist es nach einigen Tagen geschafft und das intelligente Tier hat begriffen.
Zum Füttern der Hühner ist er dabei, und die Zwerghennen picken dicht vor seinen Pfoten, vor seiner Nase, ihre Körner auf. Kennt ein Hund den Geruch dieser Tiere, ist seine Neugier ja meist schon gestillt.
Die alten Hunde liegen im Garten auf ihrer Decke und der »Suserer«, auf noble Gesellschaft bedacht, legt sich zu ihnen, dreht sich seitlich und läßt sich den Balg von der Sonne bescheinen. Für den jungen Hund genug Zeit, das Tier zu betrachten und zu beschnuppern.
Ein so aufgezogener Welpe sieht jeden Tag Kaninchen flitzen, wenn sie vor Lebenslust muntere Sprünge machen, um dann wieder husch-husch, in den Büschen zu verschwinden. Dieses Bild prägt sich ein und noch keiner meiner Junghunde wäre beim Anblick echter Hasen draußen im Feld außer Rand und Band geraten, wie das bei armen Stadthunden der Fall ist. Hunde gemeinsam mit Hasen oder Kaninchen aufwachsen zu lassen, ist ein alt bewährtes Jägerrezept. Früher kannte man noch keine Verhaltensforschung und Psychologie im heutigen Sinne, aber naturverbundene, wirklich tierliebende Waidmänner verstanden es, die Abrichtung auf die Früherziehung ihrer Welpen sinngemäß aufzubauen.
Auch der so erzogene Hund benötigt jedoch später eine exakte Abrichtung , sie macht nur weniger Mühe und viel mehr Freude, denn der Hund ist mit dem für ihn stärksten Augenreiz, dem Hasen, aufgewachsen, er ist an ihn gewöhnt, und Gewöhnung ist alles; *das* ist der psychologische Effekt!

Hasen, und noch einmal Hasen

Flüchtiges Haarwild ist nun einmal die größte aller Versuchungen, der stärkste aller Reize für den Hund. Das gilt nicht nur für Jagdhunde! Es wäre die natürliche Beute. Jagdhunde dürfen nicht »hasenscheu« gemacht werden. Genau, wie sie auch bei gesundem Federwild nicht *nachprellen* sollen. Was müssen Jagdhunde an oft sinnlosen und unwirksamen Zwangseinwirkungen alles aushalten, bis sie am gesunden Hasen gehorsam sind, ihm nicht mehr nachrennen! Den unbedingten Gehorsam erlernt der Hund bei der späteren Abrichtung. Zur Grundlage gehört die Durcharbeitung in der Disziplin »Down« oder »Halt« (Vgl. Kap. »Das sichere Down«). Welches Wort man gebraucht, ist egal, wichtig ist, daß der Hund sich konsequent nur auf eines einstellen muß und dem *Hörzeichen* auf Ruf oder Triller, bzw. dem *Sichtzeichen* – Arm hochheben – blitzschnell Folge leistet. Die Ausführung kann nie zu rasch sein! Doch gehört diese Perfektion schon nicht mehr in unseren Hundekindergarten.

Ein Jagdhund gerät auf Grund seiner feinen Nase öfter mal an einen Satz Junghasen oder ein Bodenbrüternest mit Jungvögeln. Wie verhält er sich? Stößt er zu, nach Art des Mäuselsprungs, den der Fuchs macht, weil er sie für Beute hält, tötet er oder verharrt er und zeigt uns seinen Fund? Schont er die hilflosen Wesen?

Für einen Junghund, der mit jungem Getier aufgewachsen ist, ist das nichts Neues, ihm hat es sich eingeprägt durch die Erziehung. Kleinen Geschöpfen mit Federn und Balg tut man nichts. Eindrücke in frühester Jugend prägen nicht bloß Menschenkinder, sie formen auch unsere Hunde.

Ich bin richtig glücklich, wenn mir meine sonst sehr scharfen Setter einen Satz Junghasen zeigen und mit freundlich duldsamem Gesichtsausdruck davor verweilen. Ein guter, nicht verzüchteter oder sonst verdorbener Jagdhund hat so viel Verstand, daß er sehr wohl unterscheiden kann, was gesund ist – dem darf man nichts tun – und was krank, verletzt, angemäht, angefahren oder bei der Jagd unglücklich getroffen worden ist; das darf man, seinem Instinkt folgend, ungehemmt greifen, als Beute fassen.

Ängstlichen Gemütern kommen hier vielleicht Bedenken, und sie meinen, daß Jagdhunde, die unter Tieren aufwachsen, die zum Beutebereich gehören, diese dulden und schonen und deshalb später bei der Jagd nichts mehr taugen würden. Weit gefehlt! Wenn sich Hunde krankes Wild nicht zu greifen trauen, dann kann das bestimmt nicht an einer gezielten, wohl überlegten Jugenderziehung liegen. Dem betreffenden Hund fehlt es ganz einfach an Nerv und Schneid – da mache sich keiner was vor – oder er wurde durch dumme Einwirkungen scheu gemacht. Den gesunden Jagdverstand, den nötigen »Wildbiß«, hat ein Hund entweder, oder er hat ihn nicht.

Derartige Beispiele könnte ich aus eigener, jahrzehntelanger Erfahrung genug aufzählen. Zwei herausgegriffene kurze Schilderungen sollen zum Nachdenken anregen.

Meine Jenny, die ihrer Lebtag noch nie einen gesunden Hasen oder ein anderes Tier gehetzt hat, die so etwas nicht kennt, gibt niemals auf, wenn uns der Jäger zu Nachsuchen auf kranke Kaninchen in den nahen Auwald holt. Dabei hat die Hündin den Schuß gar nicht gehört, uns wird der Anschuß gezeigt, und ich setze, unter »Such-Verloren-Apport«, meine Gefährtin auf die Spur an. Sie verschwindet im Gebüsch oder im Maisfeld, und es dauert oft lange, bis sie den kranken oder schon verendeten »Lapus« finden kann. Aber sie kommt »mit« im Fang, und ihre Augen strahlen! Da bedarf es keines Anfeuerns oder sonstiger Einwirkungen, die Krankwittrung genügt dem Hund und leitet ihn. Ausdauernder Finderwille und große Jagdpassion lassen nicht locker, bis die

Abb. 21. Die drei Setter sind perfekt im »Schonen der Wachtel«.

Aufgabe erfolgreich abgeschlossen ist. Meine Hündin hat jedoch nie gesundes Wild gehetzt, obwohl sie fast jeden Tag bei den täglichen Spaziergängen oder dem Training im Feld mit Wild jeder Art zusammentrifft.

Auf meinem Grundstück, das von einem Moosbach begrenzt ist, tummeln sich das ganze Jahr über Wildenten und führen auf meiner Gartenwiese auch ihre Entlein spazieren. Die Setter stehen dabei und beachten sie nicht. Die Enten fürchten sich aber auch nicht vor den Hunden. Meine Setter rechnen diese echten Wildenten zum Hausgeflügel. Und doch bekomme ich mit meinen Hunden bei den einschlägigen Herbstprüfungen fast immer Höchstpunktzahlen in der *Wasserarbeit.* In fremden Gewässern nämlich lassen sie ihrer großen Passion freien, ungehemmten Lauf, und das dürfen und sollen sie ja gerade.

Wenn die ausgemähten Fasanengelege geschlüpft sind, erbrütet von den Zwerghühnern, dann bekomme ich die Setter nicht mehr weg von Glucke und Küken. Sie stehen davor, wie staunende Kinder vor dem Weihnachtsbaum, beäugen die niedlichen Federbällchen, und kein Gitter ist dazwischen.

Bei der Fütterung ist mein ganzes »rotes, irisches Rudel« dabei, und jede Hündin darf ein Fasanenjunges beriechen. Gelegentlich entkommt ein Fasanenküken, trotz aller Vorsicht, aus der Außenvoliere und verschwindet blitzschnell irgendwo im Garten. Dann haben es die Hunde wichtig, denn nun wartet eine Aufgabe auf sie.
Der *junge* Hund beobachtet, schließt sich suchend den Großen an, die nicht eher ruhen, bis der gefiederte Ausreißer gefunden und von mir gegriffen ist. Und weil so etwas bei vielem Kleingetier während der Aufzuchtzeit öfter vorkommen kann – erkennt ein Hundekind bei mir schon bald, was es bedeutet, wenn ich sage: »Such verloooren.« Es hängt ja, wenn es sein Näslein gebraucht, auch mit Erfolgserlebnissen zusammen und es gibt Anerkennung und Lob dafür!
Kaninchen und Geflügel auf dem Grundstück bieten eine ganze Menge an Arbeitsmöglichkeiten für einen angehenden Jagdhund, erleichtern dessen Erziehung beträchtlich und somit auch die spätere Abrichtung. Sehr wichtig ist zudem, daß der *Vorstehtrieb,* die *Vorstehanlage* positiv gefördert wird. Kaninchen, die regungslos im Busch stecken, werden vom Hund, sobald er Wittrung bekommt, herrlich markiert. Dieses hundliche Verhalten, alles zu beobachten, lohnt allein die Mühe, welche mit der Pflege und Wartung der Kleintiere verbunden ist.

Vom Beutegreifen

Bisher war die Rede vom Dulden und Schonen und der Gewöhnung an Haustiere, die Wildtieren ähneln. Wann darf der junge Jagdhund nun zum ersten Mal etwas greifen, Beute machen, soll er doch später Leistungen erbringen, »nach dem Schuß«?
Das wird in unserem Hundekindergarten durchaus nicht vernachlässigt. Der verantwortungsbewußte Jagdhundezüchter hat bereits den ganzen Wurf schon mit Wild bekannt gemacht. Das ist heutzutage kein Problem, denn durch die Möglichkeit des Einfrierens steht Wild, unabhängig von der Schußzeit, das ganze Jahr zur Verfügung. Wild, das eingefroren werden soll, muß unbedingt trocken sein und ausgekühlt. Es soll vor Verwendung langsam auftauen, am besten frei an einem Haken hängend. Üben Sie aber nie mit Wild, dessen Kern noch gefroren ist!

Hineinfassen dürfen in den Wildkörper mit Federn oder Balg und in Gemeinschaft mit den Wurfgeschwistern auch mal etwas zerlegen dürfen, welche Wonne für eine gesunde, muntere Welpenschar! Sobald der Junghund ins apportierfreudige Alter hineingewachsen ist, darf er, angeleint an unserer Seite mitlaufend, leichtes Niederwild tragen. Das sind Erfolgserlebnisse, die ein Hund nicht vergißt, zumal sie immer mit viel Lob und einem kleinen Happen abschließen. Was wir aber nie tun dürfen, das sei hier noch mal betont, ist, einem jungen Hund einen Apportiergegenstand zu *werfen,* ihn so zum Beutegreifen zu veranlassen. Den Spieltrieb schalten wir bewußt aus, wenn's ums korrekte saubere Apportieren geht. Es gibt viel bessere Möglichkeiten. Kennt der Hund den Begriff: »Such, verloren, Apport«, darf er im Garten ein verstecktes, leichtes Kaninchen oder einen Balg suchen und zutragen. Bei solcher Art Beschäftigung muß einem Führer das Verhalten seines Junghundes gut bekannt sein, und er muß sicher sein, daß sein Hund wirklich zu ihm eilt und nicht mit der Beute im Abseits verschwindet, um sie in Besitz zu nehmen und zu erlegen.

Es gibt unkomplizierte Hundenaturen, die bei jeder Beute zugreifen, aber auch etwas reserviertere Hunde, die das Stück Wild erst vorsichtig beriechen, bevor sie aktiv werden. Ein Balg, an einer Schnur gezogen und bewegt, und etwas Anfeuerung unsererseits reizt zum Folgen und Fassen und weckt selbst den in zaghaften Hunden schlummernden Jagdinstinkt.

Alles nur zu seiner Zeit, und immer passend für den betreffenden Kandidaten. Was den einen Hund zum Draufgänger macht, muß nicht auch bei anderen denselben Effekt haben. Einer, der sowieso zufaßt und Freude hat am Greifen von Beute aus Federn und Balg, braucht das Nachhetzen an einer gezogenen Scheinbeute nicht; für ihn kann es sogar unerwünscht sein, allzuviel Jagdgier zu wecken und andere Anlagen verkümmern zu lassen. Das wäre auch nicht richtig für *Vorstehhunderassen.*

Hier nützt nur, seinen Hund zu beobachten, selbst zu denken und zu lenken und dann richtig zu handeln. Der junge Hund soll langsam vorbereitet, hinerzogen werden auf seine spätere vielseitige Aufgabe. Wechseln Sie schon jetzt in den Beschäftigungen, die Sie ihm bieten, immer ab, aber verlangen Sie nie zuviel oder gar schon perfekte Leistung von ihm.

Es ist Futterzeit, und ehe dem hungrigen Welpen sein gefülltes Schüsselchen vorgesetzt wird, nehmen wir ein Stückchen Pansen (*Pansen* ist nur Futter-Zusatz, wie auch Blättermagen, vor allem, wenn er ungereinigt ist!), stecken es in ein Netz und ziehen damit auf dem Grasboden im Garten eine *Futterschleppe* von einigen Metern; am Ende wird das Pansenstückchen abgelegt.

Mit »Such verloren« von uns angespornt, wird der Junghund die Nase auf die verlokkende Duftspur herunternehmen und ihr voller Interesse folgen. Manche Jagdhunde-

leute halten sehr viel von solchen Futterschleppen, sie sollten aber nicht zu oft gemacht werden. Ich übe mit meinen Settern nie damit, denn allzu häufig am Boden schnüffeln ist nicht gut für Vorstehhunde. Eine Futterschleppe halten kann jeder hungrige normale Hund, denn er macht dabei die Erfahrung, daß am Ende etwas Freßbares für ihn bereitliegt.
Als Anregung für die »Nasenarbeit« mag sie gut sein für zehn Wochen alte oder noch jüngere Welpen, noch daheim beim Züchter, nicht aber für einen älteren Junghund. Er bekommt in Form einer kleinen Schleppe mit einem Stück Wild oder einer Taube schon etwas viel Interessanteres. Der Balg eines frisch geschlachteten Hauskaninchens erfüllt denselben Zweck. Die ersten Schleppen dürfen nicht zu lang sein. Zuviel an Konzentration kann man von einem fünf Monate alten Hund z. B. nicht erwarten, denken wir doch an kleine Menschenkinder und wie lange deren Ausdauer anhält, wenn ihnen Aufgaben gestellt werden. Dem kleinen Hund nur nicht die Freude nehmen, sondern seine Begeisterung und den Eifer belassen und fördern.
Die Schleppe wird im Garten gelegt, den »Anschuß« markieren wir mit etwas Wolle oder Federn, je nachdem, was wir schleppen. Wir ziehen das Schleppstück hinter uns her oder halten die Schnur etwas seitlich von uns. Wofür wir uns letztendlich entscheiden, ist egal, denn unsere menschliche Wittrung können wir als Beifährte nie ausschalten. Nach etwa 20 m legen wir den Gegenstand frei ab, steigen darüber hinweg, nehmen die Schnur ab und entfernen uns im Bogen von der Schleppspur weg. Wir bemühen uns, dabei nicht in die Spur zu treten, das würde den »arbeitenden« Hund verwirren. Dann holen wir den Hund herbei. Er ist an der Leine, aber bitte nicht am Zughalsband, denn es soll

Abb. 22. Bei den ersten Schleppen darf der junge Hund zusehen...

Abb. 23. ...die Schleppspur ausarbeiten und bringen.

ihm beim Drang nach vorn nicht die Luft abschnüren, das wäre verkehrt und könnte Unlustgefühle im jungen Jagdeleven auslösen.
Was vom Jagdhund in dieser Vorbereitungszeit verlangt wird, darf nie mit hartem Zwang verbunden sein, es soll sinnvolle Beschäftigung, Anregung und gemeinsames Tun sein, so wird eine harmonische Kumpanei daraus.
Mit dem nächsten Schritt weist unsere Hand den Hund in aller Ruhe am »Anschuß« ein, sie zeigt ihm Wolle oder Federn, läßt dem Hundekind Zeit zu wittern, mit der Nase zu buchstabieren. Nur keine Hast und Unruhe, keine Ungeduld aufkommen lassen, wenn der Hund nicht gleich die richtige Stelle findet und weiter weiß.
»Such verloren«, dieses Hörzeichen sollen wir oft und immer gedehnt gebrauchen, mit der Hand auf die Spur weisen und so dem Schüler Hilfen geben. Wenn er es dann bis zum Ende der Schleppe geschafft hat, lassen Sie ihn das Stück aufnehmen und tragen und gehen gemeinsam, den Hund an der Leine, zurück zum »Anschuß«. Hier veranlassen Sie ihn zum Sitzen. Anschließend kommt das »Aus«, und damit verbunden ist großes, überschwengliches Lob und ein kleiner Belohnungshappen, nach dem Motto: »Gibst du mir, so geb ich dir!«
Damit hört für diesen Tag die »Arbeit« auf. Vielen Hundeführern fällt es schwer, recht-

zeitig mit dem Üben aufzuhören, und manche Abrichter sind perfekt im »Überdressieren« ihrer Hunde. Kurz vor Prüfungen sind sie besonders eifrig. Hunde, die bis dahin gut gearbeitet haben, versagen plötzlich, und das ein paar Tage vor dem Prüfungstermin. Die einen graben Wild ein, die anderen schneiden das Wild an, einer will keine Schweißfährte mehr halten, ein anderer verweigert das Wasser, man könnte ein Buch über solches Fehlverhalten füllen. Daran sind aber nicht die Hunde schuld, sondern ihre Führer! Sie bekommen nicht genug und wollen es von ihrem Schützling immer wieder genau wissen, ob er jede Übung auch tatsächlich beherrscht. Dieser hat sein Pensum treu und brav erfüllt und erhält statt eines wohlverdienten Lobes den erneuten Befehl, noch einmal und noch einmal dasselbe zu wiederholen. Viele Hunde drehen dann einfach durch, wenn sie einen Fuchs apportieren. Sie verweigern, wenn sie ihn immer wieder übers Hindernis bringen müssen, nur weil ihr Herr mit der einmal tadellos ausgeführten Leistung nicht zufrieden war.

Nun setzt Zwang ein mit der Peitsche oder Koralle oder Schlimmeres. Warum kann ein Führer nicht vorher aufhören, nachdem sein Hund einen Auftrag korrekt ausgeführt hat?

Prüfungsangst, krankhafter Ehrgeiz und menschliches Geltungsbedürfnis spielen hier leider eine große Rolle. Jeder möchte einen »besten« Hund, und das geht leider oft auf Kosten des Hundes.

Das «Überdressieren« gehört aber schon in das Kapitel der eigentlichen *Abrichtung,* nur weil es bei so vielen ein Kardinalfehler ist, soll es hier allen schon ans Herz gelegt werden, ihn zu vermeiden. Menschen, die dazu neigen, müssen sich sehr unter Kontrolle halten, damit die Arbeitsfreude eines gut veranlagten Junghundes nicht beeinträchtigt und der Hund verunsichert wird. Wer im freien Gelände eine Schleppe ziehen will, achte unbedingt auf die *Windrichtung.* Der Wind muß grundsätzlich vom Rücken her wehen. In den Wind gelegt, wäre die Schleppe zu leicht. Selbstverständlich ist die Spur kurz und wird mit dem Hund an langer Leine ausgearbeitet. Dazu dient eine etwa 4 m lange, feste Schnur, z.B. ein Stück Feldleine. In der Regel läßt man eine Schleppspur nicht erst lange stehen, wie z.B. eine Schweißfährte, sondern setzt den Hund sofort darauf an. Nachsuchen auf Niederwild wie Hase, Fuchs oder Federwild erfolgen unmittelbar nach dem Schuß.

Kurz gemähte oder nach dem Schnitt frisch wachsende Wiesen sind das beste Gelände für Schleppen.

Immer setzt sich die Schleppspur aus unseren Tritten, den Bodenverwundungen an Gräsern, Kräutern und Kleinlebewesen, die der Schleppenleger verursacht, und der Duftspur des geschleppten Wildes zusammen. Um unser Hundekind nicht zu verwirren, es nicht zum Faseln zu verleiten, hat es unbedingt an der langen Leine und so unter

unserer Anleitung und Führung die Spur auszuarbeiten. Nach dem Ausgeben der Beute darf es springen und wieder frei sein, nach getaner Arbeit kommt die Auflockerung. Solche Erfahrungen sammelt der Hund in seinem ausgezeichneten Gedächtnis, sie bleiben angenehm und lustbetont in seinem Erinnerungsvermögen. Übertreiben aber darf man solche Übungen nicht!
Nur hie und da, wenn Wild zur Verfügung steht, darf der Junghund diese Schleppe machen und am Ende das Wild stets greifen und tragen. Allzu viele Schleppen stellen ihn auf Bodenwittrung ein. Der Vorstehhund aber soll es mal mit hoher Nase, mal mit tiefer Nase können, je nachdem, wie es die Situation erfordert. Wer meint, er brauche seinen Hund nur später für die Rehwildnachsuche im Wald, bei dem mag ein Vorstehhund ein Zufriedenstellendes leisten, aber am richtigen Platz ist er bei diesem Jäger nicht, hier wären Wachtelhund oder Jagdterrier besser zu Hause.
Erfolgserlebnisse, die sich fest einprägen und die der Hund nicht vergißt, aber auch falsche Behandlung und Einwirkung auf den Hund wird registriert, das muß der Mensch wissen. So mancher gut veranlagte Hund wurde von unklugen Menschen verdorben. Und bei verdorbenen Hunden das Vertrauen zum Menschen wieder herzustellen, das ist unendlich schwer und oft vergebliche Mühe.
Er vergißt schlimme Erlebnisse nicht. Darum wappne sich mit Geduld, mit Geduld und nochmals Geduld, wer mit wehrlosen Geschöpfen umgeht und sie etwas lehren will. Denke jeder daran, daß ihm ein Hund ausgeliefert ist. Er hat nur seinen Herrn, dieser ist sein ein und alles, wem sonst sollte er auf der Welt vertrauen!

Mit dem Junghund am Wasser

Welpen aus Frühjahrswürfen dürfen ohne weiteres schon im Hochsommer mit dem nassen Element Bekanntschaft machen.
Gern wird hier der Rat gegeben, den kleinen Hund mit einem wasserfreudigen älteren Hund mitlaufen zu lassen, der ihn zum Annehmen des Wassers aufmuntern soll. Das ist gut gemeint und hat auch mitunter Erfolg, aber nur dann, wenn der ältere Hund den jungen auch duldet. Ist der ältere Hund ein mürrischer Geselle, der dem jungen viel-

leicht an Land bereits eine Abfuhr erteilt hat, wird der Junghund nicht bereit sein, ihm ins Wasser zu folgen. Enttäuscht steht der Führer am Ufer und zieht aus seinem Verhalten völlig falsche Schlüsse auf die *Wasserveranlagung* seines Hundes.
Am einfachsten und vielversprechendsten ist es meines Erachtens, wenn man an einem warmen Sommertag mit dem kleinen Schüler ein seichtes Gewässer mit flachem Ufer aufsucht und langsam ohne Wasserspritzerei selber hineinwatet, mit dem angeleinten Hund zur Seite. Lassen Sie ihm Zeit, Sicherheit zu gewinnen. Dort, wo Ihnen das Wasser erst bis zu den Knien reicht, muß der kleine Hund bereits schwimmen. Nun nicht meinen, gleich die erste Begegnung mit dem Wasser müsse mit Erfolg absolviert werden. Etwas ängstlichere Schüler stützen Sie mit einer Hand unter der Brust bei seinen ersten Schwimmversuchen. So wird er sehr bald mit dem Wasser vertraut. Die mutigeren unter ihnen überwinden diese erste Scheu vor dem Wasser schnell und wagen sich bald ins Tiefe.
Riecht es im Uferschilf nach Teichhühnern (die eine besondere Anziehungskraft auf Hundenasen haben), dann wird das nasse Element noch interesssanter für einen Jagdhund!
Bei einem Rundgang um einen Weiher witterte meine kleine Jenny z. B. im schmalen Uferschilf einmal junge Wasserhühnchen, und es glückte ihr, geschwind eines davon zu greifen. Sie eilte flugs damit zu mir, ich schmeichelte ihr das kleine, dunkelgefiederte Wesen ab, das mehr aus langen Ständern (Beinchen), denn aus Körper bestand, und setzte es, da es völlig unversehrt war, vom Hund unbemerkt, in sein Schilfreich zurück. Das war gar nicht so einfach, weil Jenny beobachtete. Dieses Erfolgserlebnis reichte aber für Jenny aus, ihre Passion fürs Wasser und sein Getier entdeckt zu haben. Wenn irgend etwas auffällig auf der Wasseroberfläche schwamm, ein Fetzen Papier, ein Blatt, dann holte sie das ohne Aufforderung heraus. Ihre Bringlust, die von mir beizeiten gefördert wurde, bezog jetzt auch Gegenstände in Schilf und Wasser mit ein. Ich beließ ihr diese Freude und den »Bringtick« – sammelte die Kleine doch dabei allerlei Erfahrungen. Das Herausholen von »Nichtjagdbarem« aus dem Wasser legte sich natürlich, als die Einarbeitung an Enten, die eigentliche Wasserarbeit, begann.
Ihre erste Bekanntschaft mit dem Wasser vollzog sich z. B. auf sehr unkomplizierte Weise, als sich ihre Mutter Iris einmal ruhig ins Naß gleiten ließ, um ein paar Runden zu schwimmen, schnappte Jenny nach deren langer Rute, hängte sich fest daran und ließ sich mitziehen. Dieses Anhängsel paßte der älteren Hündin natürlich nicht, und es gelang ihr, die Kleine loszuwerden. Diese schwamm fröhlich alleine weiter. So also kann ein Junghund auch mit dem Wasser vertraut werden.
Eine ganz hervorragende Hilfe, wie junge Hunde sich erst ins seichte, dann auch ins tiefere Wasser wagen, ist eine Art Angel, ein Stock mit einer langen Schnur, an der ein

Abb. 24. Übung am Wasser. An der »Reizangel« (bestehend aus Stock und Schnur) befindet sich eine tote Taube...

Abb. 25. ...als Anreiz für den Hund, ins Wasser zu gehen.

Gänseflügel oder ein Balg hängt. So einen verlockenden Gegenstand vor der Hundenase und an der Wasseroberfläche vor ihm hergezogen ist ein guter Anreiz und läßt manchen Hund die anfängliche Scheu vorm Wasser vergessen, weil der Beutetrieb viel stärker ist. Er darf fassen, greifen, ein herrliches Jagdspiel beginnt.
Eines soll man in dieser Phase niemals tun: dem Hund Stöckchen ins Wasser werfen! Auch danach greift er und bringt sie ans Land. Wiederholt man diese Übung, stellt er sich auf solche Gegenstände ein, das aber wäre durchaus nicht förderlich für einen angehenden Gebrauchshund. Er soll später Wasserwild finden und apportieren und nicht als Ersatz dafür nach Ästen greifen, die im Wasser liegen. Mit Stöckchenwerfen fängt man also besser gar nicht an. So verhindert man diese weitverbreitete Unart am ehesten.
Wenn der kleine Hund nach dem Gänseflügel an der Übungsangel oder Reizangel greift, ihn freudig und stolz aus dem Wasser holt und zu uns heranträgt, loben wir ihn dafür mächtig. Dann ist wieder ein sinnvoller Schritt getan, eine Vorstufe erreicht auf dem Werdegang zum guten Jagdgebrauchshund.
Der Mensch sollte auch hier immer wieder das rechte Maß finden und aus einem kleinen Hund keinen Rekordschwimmer machen. Denken Sie daran, daß der kleine Hund nach dem Aufenthalt im Wasser sich gründlich trockenlaufen oder abgetrocknet werden muß, damit er sich nicht erkältet!
Leider sind manche Jäger in der Fürsorge um ihren Schützling recht unbekümmert, er ist ja ein Jagdhund, und der muß das aushalten! Diese dumme Redensart, die von wenig Tierliebe zeugt, ist oft zu hören. Der Hund ist ein Lebewesen und genauso anfällig für Erkältungen wie der Mensch. Und schleichende Blasen- oder Nierenentzündungen, von denen Jagdhunde gerne befallen werden, wenn sie viel Wasserarbeit, vor allem in der kälteren Jahreszeit, leisten müssen, sind heimtückische Krankheiten, oft ohne massive Krankheitsanzeichen, und raffen so manchen guten Hund dahin in der Blüte seiner Jahre.
Jeder Hund entwickelt seinen eigenen Schwimmstil. Es gibt welche, die gleiten ruhig ins Wasser und schwimmen lautlos wie ein Otter; das ergibt ein schönes Bild, nichts stört die Stille der Natur. Diese Art von Wasserannehmen und Schwimmen ist für die Jagd ideal, denn das Wild vernimmt den Feind, der es aufstöbern soll, nicht so rasch. Andere Hunde springen mit mächtigem Satz ins Wasser, daß es nur so spritzt, sie schwimmen laut schnaubend und prustend. Diese Art von Wasserpassion, der kühne Weitsprung, erweckt viel Bewunderung, ist aber für die Praxis durchaus nicht wünschenswert. Entenjagd spielt sich nicht im Swimming-pool ab, und im Wasser lauern allerlei Gefahren! Aus diesem Grund ist es wichtig und notwendig, daß dem Hund immer *vor* dem Einstieg die Halsung abgenommen wird!

Unter der Wasseroberfläche treibende Äste oder nicht sichtbare, eingerammte Pfähle können einen Hund, der mit unbekümmertem Sprung vom Ufer aus ins Wasser setzt, buchstäblich aufspießen. Der ruhig schwimmende Hund wird solche unterirdischen Gefahren merken und kann ausweichen.
Ein ängstlicher Hund schwimmt mit aus dem Wasser gehobenem Oberkörper und »panscht« deshalb mit den Vorderläufen so, daß er vor lauter Wasserspritzerei nichts äugen kann. Der selbstsichere Schwimmer liegt völlig flach im Wasser, nur der Kopf ragt heraus, und vom übrigen Körper sind nur Umrisse von Schultern, Kruppe und Rute leicht sichtbar.
Leider gibt es auch heutzutage noch immer sehr gefühlsrohe Hundebesitzer, die es mit der Erziehung ihres Hundes sehr eilig haben, und anstatt ihren Junghund mit Überlegung, Geduld und Einfühlungsvermögen mit dem Wasser bekannt zu machen, stoßen sie ihn oder werfen ihn gar hinein. Schließlich ist er ja ein Jagdhund, und der muß es können!
Daß Hunde mit solchen brutalen Methoden beizeiten verdorben und wasserscheu gemacht werden, dürfte jedem vernünftigen Menschen mit Herz und Verstand klar sein!
Wie unser Hund einmal schwimmen wird, welchen Stil er entwickelt, ob er elegant ruhig dahingleitet oder hektisch planschend und spritzend, darauf haben wir wenig Einfluß. Durch zeitiges Gewöhnen ohne Übertreibung und ohne den Junghund zu überfordern, lassen wir ihn Erfahrungen sammeln mit dem nassen Element, das einmal zu seinem Aufgabenbereich gehören wird.

Lauftraining – Begleiter neben dem Fahrrad

Ein Jäger ohne Revier hat es nicht immer leicht, seinem Hund die täglich nötige Bewegung zu verschaffen. Wer auf dem Lande wohnt, weiß, daß dort, wo Felder beginnen, bereits Jagdgebiet ist. Der Stadtjäger hat mit seinem Hund oft viel mehr Möglichkeiten des freien Auslaufs, denn um Städte gibt es vielerorts von der Jagdausübung ausgeklammerte Gebiete, in denen Wild vorkommt. Der an der Ausbildung seines Hundes ernsthaft interessierte Jäger wird das zu nutzen wissen.

Ein ganz hervorragendes Bewegungstraining für einen Hund der Vorstehrassen ist das freie Laufen am Fahrrad, die Betonung liegt auf *frei,* also ohne Leine.
Mit dem Training am Rad wird erst dann und allmählich begonnen, wenn die zweite Zahnung beim Jagdhund beendet ist, also niemals vor 6–7 Monaten.
Das Gewöhnen ans Rad bedarf eines großen Einfühlungsvermögens von seiten des Menschen. Das Hundekind darf nicht gleich überfordert werden. Es geht nicht, sich aufs Rad zu schwingen, in die Pedale zu treten und dann auf asphaltierter Straße dahinzusausen mit dem Hund an der Seite.
Der Mensch neigt leider zu solch unbedachtem Handeln, was sich für einen jungen Hund sehr schädlich auswirken kann. Also, zuerst einmal nachdenken über diese Art von Training, damit es für Sie beide zu uneingeschränkter Freude wird und nicht zu des Vierbeiners Qual.
Frei neben oder vor dem Rad herrennen zu dürfen, mal stehen zu bleiben und mit der Nase zu »lesen« und zu schnüffeln, Duftmarken zu setzen, mal zu traben oder freudig zu galoppieren, das liebt unser Hund! Und wenn Herrchen oder Frauchen vernünftig sind und das eigene Tempo auf das des Hundes abstimmen, so ist das ein herrliches, geradezu ideales *Bewegungstraining.* Der zu Fuß gehende Mensch bewegt sich für einen großen Hund zu langsam, der radelnde Mensch und der frei nebenherlaufende Hund können viel eher im Temporhythmus miteinander harmonieren. Erfahrungsgemäß bleibt der Hund in nächster Nähe des Radlers und bricht nicht ohne Grund nach links oder rechts aus, weil der radelnde Mensch seinem Tempo viel eher entspricht, als der zu Fuß.
Der Junghund wird an das Fahrrad gewöhnt, indem wir es zuerst neben uns herschieben, danach lernt der Hund seinen Herrn dann hoch auf dem Stahlroß sitzend und in die Pedale tretend kennen. Das ist für ihn ungewohnt, und es heißt aufpassen, daß unser Junghund uns nicht ungestüm anspringt und zu Fall bringt. In diesem Fall gilt es, vom Rad abzusteigen, bis sich der Hund beruhigt und an das Gefährt gewöhnt hat.
Beim Überqueren verkehrsdichter Wege schieben wir unser Rad und führen den angeleinten Hund neben uns über den Gehweg. Der bereits sichere Hund läuft angeleint immer auf der rechten Radseite, so kann er durch uns überholende Fahrzeuge nicht gefährdet werden. Dem angeleinten Hund ist am Fahrrad nur Traben gestattet, niemals aber Galopp. Das wäre zu schnell, denn der Radlenker muß immer bremsbereit sein.
Um mit dem Fahrradtraining beginnen zu können, muß der Junghund so weit *leinenführig* sein, daß er nicht Ziehhund spielt. Die ersten Ausflüge sollten kurze Strecken sein, keineswegs darf ein Hund längere Zeit auf Verkehrsstraßen im vollen Tempo mitlaufen, seine Nase befindet sich in Höhe der Auspuffgase, und erwärmte Straßendekken können Ballenentzündungen verursachen.

Bevorzugen Sie stille Wege, durch Wald und Flur, und beginnen Sie das Training mit ein paar Minuten, verlängern dann etwas, übertreiben aber auf keinen Fall. Wenn sich ein etwa acht Monate alter Hund ein knappes Stündchen frei neben dem langsam fahrenden Rad auslaufen darf, ist das genug. Der Mensch steigt zwischendurch vom Rad und schaltet kleine Pausen ein und beobachtet dabei seinen Hund.
Immer, mit dem rechten Maß, das Gefühl für den Hund obenan stellen. Dem Hund die so nötige Bewegung zu bieten, darf nicht bis zu dessen Erschöpfung ausarten, das könnte Herz- und Skelettschäden zur Folge haben.
Ich rügte einmal einen Burschen, der mit ziemlichem Tempo auf der Straße dahinradelte und einen Dackel an seiner Seite mitgaloppieren ließ. Der arme Kleine sprang, was seine Läufe hergaben. Es wurde dem kurzläufigen Hundchen eine Geschwindigkeit abverlangt, wie ich sie nicht einmal meinen Settern zumute, wenn sie ein Stück auf der Asphaltstraße laufen müssen, ehe wir in unsere Gefilde gelangen, wo sie frei sein können. Auf meine Vorhaltung, daß ein Dackel sich nicht zum Radbegleiter eigne und besser in einem Fahrradkorb untergebracht wäre, meinte der junge Mann, ich würde doch meine Setter auch am Rad mitführen! Jaja, wenn zwei dasselbe tun. Eines schickt sich eben nicht für alle.

Vorsteh-Training am Volierewild

Vorgestanden wird von einem Hund grundsätzlich *alles* lebende Getier, das sich ruhig verhält in seiner Deckung. Der Körpereigengeruch des betreffenden Wesens – es muß durchaus nicht nur Wild sein – strömt gleichmäßig in eine Richtung, die vom Wind bestimmt wird. Gerät unser Hund mit seiner darauf ansprechenden feinen Nase in diesen Wittrungsbereich, wird er davon förmlich hypnotisiert, der Geruch schlägt ihn in Bann, und er steht wie verzaubert vor.
Es ist im Grunde das durch Zuchtauslese und Abrichtung verlängerte Belauern des Wildes, wobei der Beutesprung unterbleibt. Die Pose ist vergleichbar mit dem Mäuselsprung des Fuchses, der erst eine Weile nach Art des Vorstehhundes vor dem »warm«, nach lebenden Mäusen duftenden Erdloch verweilt, ehe er zum Beutesprung ansetzt.

Bewegt sich das gefundene Tier vor dem Hund und versucht es sich in der Deckung, (Gras, Halme, Klee) vorsichtig wieder zu drücken oder abzulaufen, folgt ihm der Hund auf dessen verlängerter Duftspur, dem *Geläufe*. Er hält sich nicht an die Bodenwittrung, sondern bleibt mit der Nase am warmen Körpergeruch des Wildes hängen. Dieser leitet ihn, bis er bemerkt, daß sich das Wild erneut versteckt hat und festliegt, dann reagiert er wieder mit *Vorstehen* und zeigt so an, daß er gefunden und Wild vor sich hat.

Hätte ein Hund nur seine feine Nase, und wäre diese Anlage des Vorstehinstinktes bei ihm nicht vorhanden, so würde er das Wild zwar finden, es aber nicht vorstehend respektieren, nicht die nötige Achtungsdistanz einhalten können, sondern es hochmachen, herauswerfen aus der Deckung. Damit aber wäre er für die Federwildjagd auch nicht brauchbar.

Die Anlagen zum Wittrungsvermögen und der Trieb zum Vorstehen schlummern im Hund, bedürfen aber entsprechend geschickter Führung. »Nase« zu haben ist bekanntlich auch ein Stück Erfahrung!

Hat ein Hund bereits als Welpe und als heranwachsender Junghund Vögel auf Sicht markiert, ist die Vorstehanlage bei ihm schon erkennbar und darf nicht mehr verküm-

Abb. 26. »Bitte nicht anfassen, nur gucken!«

mern. Wenn der junge Hund etwas »aufs Auge« vorstehend zeigen will, muß er dafür gelobt werden. Dieses *Sichtvorstehen* legt sich, sobald der Hund später sein Näslein »entdeckt« hat und an Wild geführt wird. Dann hat er nur noch dafür Interesse.
Dieses Heranführen an Wild, das Abführen am Federwild, läßt ihn Erfahrungen sammeln für die Praxis. Dieses wird heutzutage immer schwerer, weil der Besatz an Rebhühnern, das *klassische* Wild der Vorstehhunde, immer mehr zurückgeht und auch der vor Jahren noch zahlreiche Fasanenbestand sich stark reduziert.
Schlechtwetterperioden, strenge Winter, Deckungs- und Äsungsmangel und noch viele andere Umstände sind schuld am rapiden Rückgang aller Niederwildarten, und es besteht wenig Aussicht, daß sich das in absehbarer Zeit ändern wird.
Wer sich den Vorstehhunden verschrieben hat, muß sich sorgen, denn wildleer geworden sind unsere Fluren, und aus Fachkreisen werden Stimmen laut, die da predigen: Wozu noch für Suchen, Finden und Vorstehen trainieren und prüfen? Arbeiten wir unsere Hunde doch nur noch für die Arbeiten »nach dem Schuß« ein! Wasserwild, Kaninchen, Hase und Reh sind uns noch verblieben.
Ganz anderer Meinung sind die Freunde der *Feldhunde*. Sie wollen nicht auf das Spezialistentum ihrer Hunde verzichten, sie wollen weiterhin die schönen Bilder des Vorstehens, der Suche, sie wollen unter allen Umständen die typischen Anlagen ihrer Rassen züchterisch weiterpflegen und führungsmäßig alte Traditionen bewahren. Das ist gut so, denn nähme man einer Rasse ihre ganze spezielle Eigenart, würde sie ihren Charakter verlieren. Der sicherste Weg zum vielseitigen Jagdgebrauchshund geht auch heute noch über den guten Feldhund! »Erst Derbyhund, im Frühjahr an Paarhühnern geführt, – dann Gebrauchshund«, das hat kein Geringerer gesagt als *Dr. Kleemann,* der berühmte Züchter und Förderer von Deutsch-Kurzhaar, und der Erfolg gab und gibt ihm recht bis zum heutigen Tag.
Hunde wollen Erfolgserlebnisse, und sie verlieren die Lust am Suchen, wenn sie stundenlang über wildleere Äcker laufen und höchstens mal eine Lerche in die Nase bekommen. Viele Jagdhundefreunde sind dazu übergegangen, zu improvisieren, dem Wildmangel durch Verwendung von Volierewild sinnvoll abzuhelfen, um ihren Vorstehhunden Gelegenheit zu geben, ihre Fähigkeiten zu entfalten. Fasane und Wachteln lassen sich sehr gut in Volieren halten und züchten, wenn nur die Unterkünfte geräumig genug sind und Deckung aufweisen zum Schutz vor Sonne. Ein Teil der Voliere soll überdacht sein, damit die Vögel bei schlechtem Wetter trockene Plätze aufsuchen können.
Die Umzäunung muß wieselsicher sein, und ein Vogelnetz, über die Voliere gespannt, verhindert auch Gefahr von oben. Beim Auffliegen können sich die Wildvögel nicht verletzen. Fasane haben die Eigenschaft, wenn sie einer streunenden Katze ansichtig

werden, in Panik auszubrechen und sich die Köpfe einzurennen. Die Wachtel ist in der Haltung viel unproblematischer, weil sie rasch zahm wird, allerdings braucht dieser Zugvogel ab Herbst ein wintersicheres Quartier. Die Fütterung der Wachtel besteht in der Zusammensetzung aus Kleinsämereien, die es fertig gemischt als »Exotenkörnermischung« in den Zoogeschäften zu kaufen gibt. Auch geschrotetes Getreide, Kükenfutter, Futter für einheimische Waldvögel, all das gemischt, ergibt ein abwechslungsreiches Futter für Wachteln. Wer sie beim Betreten der Voliere mit ein paar Mehlwürmern lockt, wird die hübschen kleinen Hühnchen sehr bald zutraulich machen. Es sind Laufvögel, denen man die Voliere gar nicht groß genug anbieten kann. Hähne haben allerdings die ungute Eigenschaft, in zu kleinen Unterkünften ständig um ihre Hennen zu balzen und sie zu verletzen, dann hilft nur Trennung der Geschlechter – auch im Winterquartier, das ja meist nur aus einem geräumigen Käfig besteht.
Mit unserem kleinsten Hühnervogel, der Wachtel, die bei uns längst unter Naturschutz steht, weil es sie in der Flur fast nicht mehr gibt, ist die Einarbeitung unserer Vorstehhunde am erfolgreichsten und auch am schönsten. Ob man die europäische Wachtel verwendet oder eine Zierwachtel, ist gleich, es kommt nur auf ihr artspezifisches Verhalten an, und das ist bei allen diesen Vögeln dasselbe.

Training vor der Wachtel – so wird es gemacht

In der Jagdpresse wird in letzter Zeit wegen der bekannten Federwildarmut, bei der Einarbeitung der Vorstehhunde, die Verwendung von Wachteln sehr empfohlen, und es fehlt nicht an guten Ratschlägen und eindrucksvollen Bildern.
Die Meinungen der hundeführenden Waidmänner sind recht unterschiedlich. Manche sagen aus, ihr Hund habe die vor ihm liegende Wachtel sofort gegriffen, anstatt vorgestanden. Andere behaupten, ihr Hund würde auf deren Wittrung nicht reagieren, diese Wildart nicht akzeptieren, weil es Tiere aus der Voliere wären. Wieder andere sind begeisterte Anhänger geworden und verwenden Volierenfasane, Wachteln und auch Rebhühner für die Schulung ihrer Hunde mit Erfolg. Was ist nun richtig, und wie soll man es machen, damit nicht schon die ersten Versuche fehlschlagen?
Die Ansicht, daß Volierewild, also Wild aus begrenztem, eingezäuntem Freiauslauf vom Jagdhund geruchsmäßig nicht als »Wild« anerkannt wird, stimmt nicht. Vorstehhunde folgen z. B. auch Haushühnern nach, die sich im Getreide oder hohen Gras vorsichtig drücken, als seien es echte Feldhühner. Wo Hausgeflügel noch freien Auslauf hat, auf einzeln stehenden Gehöften, kann man so etwas noch erleben.

Ein Hauskaninchen, das in einem Reisighaufen steckt und sich nicht bewegt, wird von jedem unserer Hunde vorstehend markiert. Es ist die warme Lebendwittrung, die urplötzlich im Vorbeilaufen die Nase des ahnungslosen Hundes trifft, und er kann nicht anders, als in Vorstehpose zu erstarren. Sie löst sich erst, wenn das betreffende Tier abspringt.

Aber wieder zurück zu unserer kleinen Wachtel. Wie man sie einem jungen Hund vorstellt, ihn damit bekannt macht, seine Nase zugleich und den Trieb des Vorstehens weckt, möchte ich zum besseren Verständnis für das Training mit dem kleinen Hühnchen, erst an der Arbeit mit erwachsenen und im Gehorsam gefestigter Hunde beschreiben.

Vorab noch einiges Grundsätzliche, um Mißerfolge zu vermeiden. Es wäre sehr einfach, Federwild in einen kleinen Käfig zu stecken und in Deckung zu stellen, um nach einer Weile den Hund zur Suche auszusenden. Verhält sich der Vogel ganz ruhig, weil er Angst hat, drückt er sich unbeweglich in seinem Verlies nieder. Was für ein Glück – dann kann sogar hier das Vorstehen zustande kommen – auch bei einem sehr unerfahrenen Hund, der zum erstenmal Wittrung aufgenommen hat. Aber was geschieht, wenn der Fasan im Käfig oder Korb zu flattern beginnt? Dann läuft der Hund voll Neugier darauf zu, wedelt mit der Rute und versucht, das Tier zu greifen; das ist eine ganz natürliche Reaktion. Der Vogel benimmt sich unnatürlich, er kommt nicht von der Stelle, und was sich wie krank verhält, das wird gegriffen. Deswegen darf man seinem Jagdhund nicht böse sein. Freuen wir uns, wenn er sich instinktsicher verhält.

Um wirklich gut gelungenes Vorstehen von Volierewild zu erzielen, muß sich dieses, in die Freiheit gesetzt, so »echt« wie möglich benehmen.

Das ist aber nur gewährleistet beim Freiflug. Dafür braucht man ein sehr großes Wiesengelände, entsprechende Stoppelfelder oder ausgedehntes Ödland, mit nicht zu hoher Deckung. Dieses sollte gerade so hoch sein, daß die Wachtel darinnen nicht »aufs Auge« zu sehen ist.

Ich nehme eine Wachtel auf die Hand und lasse sie daraus frei abstreichen. Oft wird behauptet, Wachteln würden nur eine maximale Strecke von etwa 30 m zurücklegen und dann wieder einfallen. Meine legen oft Entfernungen von über 100 m zurück und streichen so hoch wie Rebhühner. Aus diesem Grund kann ich sie auch nur in einem entsprechend großen Terrain fliegen lassen, denn ich möchte zum einen den Vogel wiederhaben, zum andern muß man berücksichtigen, daß Wachteln Zugvögel sind, die den Winter in unseren Breiten gar nicht überstehen könnten. Es wäre diesem wehrlosen Geschöpf gegenüber verantwortungslos, es auszusetzen und sich nicht mehr darum zu kümmern.

Sobald also die Wachtel wieder eingefallen ist, warte ich etwa zehn Minuten, dann dür-

fen die Hunde im guten Wind suchen. Es ist erstaunlich, wie rasch sie »ihr« Hühnchen jedesmal wieder finden. Je nachdem, wie nahe sie ihm sind, wird es *vorstehend* oder *vorliegend* markiert, bis die Läufe zittern. Die Hunde jetzt zur Ruhe ermahnend, gehe ich langsam auf die Stelle zu, wo ihre Nasen hindeuten, sehen kann ich von der Wachtel noch nichts, so fest drückt sie sich in den Bewuchs. Nach dem ersten weiten Flug fehlt ihr die Lust am erneuten *Abstreichen,* sie bleibt deshalb ganz fest liegen. Meine Hand flach ausbreitend, beuge ich mich herab, wo ich die Wachtel vermute; (für einen Vogel kommt die Gefahr meist von oben, und deshalb bleibt das kleine Huhn unbeweglich liegen.) Sachte ergreife ich es, lobe meine Setter, und jetzt dürfen sie, nach der Entspannung, »ihren« Fund beriechen. Dabei zucken ihre Lefzen, im Unterbewußtsein wird der Vogel als Beute »gekaut«, in ihren Augen glüht Passion, aber der anerzogene Gehorsam wirkt als Beißhemmung.
Ehe ich mit den Hunden und der Wachtel draußen im Gelände trainierte, habe ich meinen Settern dieses Wild zuerst zu Hause vorgestellt. Das halte ich für grundsätzlich wichtig, und das ist, glaube ich, auch der Schlüssel zu meinem Erfolg.

Abb. 27. Die Wachtel als Helfer bei der Junghund-Ausbildung.
1. Phase: Bekanntschaft mit dem Feldhuhn mit »Sicherheitsabstand«.

Abb. 28. 2. Phase: Der Hund lernt die Wachtel aus nächster Nähe kennen.

Ich bekam meine Wachteln von einem Vogelzüchter. Ehe ich sie ins geräumige Sommerfreigehege setzte, wurden sie vorübergehend in einem Zwerghasenkäfig untergebracht, den ich auf ein niedriges Tischchen stellte, gerade in Augenhöhe meiner Hunde. Das gab ihnen unter meiner Aufsicht Gelegenheit, das neue Getier in aller Ruhe zu betrachten und aus der Nähe zu beriechen. Die Wittrung, der Anblick und das Verhalten der gar nicht scheuen Hühnchen schlug die Hunde sofort derart in Bann, daß sie steif und starr verharrten und keinen Blick mehr von ihnen ließen.

Meine Setter waren immer dabei, wenn ich die Vögel fütterte, und ich mußte energisch werden, um sie vom Käfig wieder wegzulocken.

Ich griff einen der Wachtelhähne und hielt ihn jedem Hund direkt an die Nase und warnte mit »Ruuuhe«, daß man dem Tier nichts tun darf. Wollte einer meiner Lieblinge reflexartig zuschnappen, gab es einen kleinen Fingerklaps auf die Nase und ein scharfes »Nein«. Dieser Verweis ist kein absolutes Tabu, deshalb sage ich hier nicht »Pfui«, was bedeuten würde, daß jegliches Interesse unterbleiben sollte. So lernten sie in wenigen Tagen, die Wachteln zu respektieren und zu lieben.

Abb. 29. Die Wachtel wird auf die Erde gesetzt...

Ich halte das *Bekanntmachen des Wildes* zu Hause für grundsätzlich wichtig; dann erst gehe ich mit Hund und Wachtel ins Gelände zum Trainieren. Der Hund kennt dann bereits die Wittrung, hat erfahren, daß er diesem kleinen Vogel nichts tun darf. Das Zeigen, Finden und Vorstehen, den Herrn heranführen aber ist erwünscht, und er darf dabei Angenehmes erwarten, nämlich großes Lob. Und welchem Jagdhund würde dieses Suchen nicht Freude bereiten!

Für die Suche nach der frei abgeflogenen und wieder eingefallenen Wachtel braucht der Hund genügend *Vorfeld,* um den Wind abzufangen und die Wittrung registrieren zu können. Die gefundene, festliegende Wachtel wird in etwas anderer Manier vorgestanden, als wir das bisher gewohnt waren. Es ist nicht ganz das schöne, packend ästhetische Bild wie beim Rebhuhnmarkieren, weil sich die Nase vor der Wachtelwittrung leicht bodenwärts neigt.

Es gehören feine und geschulte Nasen dazu, eine festliegende kleine Wachtel, die sich ins Gras drückt, aus vollem Galopp heraus wittern zu können. Welcher Hund das vermag, der findet auch Rebhuhn und Fasan und den Hasen im Lager.

Abb. 30. ... und darf vorsichtig gesucht werden.

Abb. 31. 3. Phase: Die Wachtel wird vorgestanden.

Wenn ich nach dem Wachteltraining mit meinen roten Settern heimwärts radle, unser Hühnchen in einer mit Gras ausgepolsterten Schachtel gut verwahrt, dann laufen meine Hunde fröhlich und gelöst neben mir. Daheim schauen sie mir dabei zu, wie das Hähnchen für seine Strapazen eine Extraportion Mehlwürmer bekommt. Viele meiner Bekannten kommen und wollen auch mit ihren Jagdhunden Vorstehtraining an Wachteln üben.

Fremde Hunde lasse ich jedoch nur an der langen Leine üben und die Hühnchen nicht frei fliegen. Sie streichen immer wieder zu weit ab, so daß mir ihre Einfallstelle auch nicht immer genau bekannt ist.

Meinen Vögeln binde ich eine etwa 30 m lange Paketschnur (die ist im Grase immer zu sehen) an einen Ständer (Fuß), dabei mache ich lockere Schlaufen, oder, was die Jäger besser verstehen, dieselben Schlaufen wie zum Aufdocken des Schweißriemens, das drückt die Wachtel nicht, zieht sich nicht zusammen, und nach dem Üben ist die Fessel rasch wieder abgenommen. Die Wachtel wird im Gras abgesetzt und kann, wenn sie will, laufen oder kurz streichen. Das Ende der Schnur behalte ich in der Hand und weiß genau, wo sich das Federwild drückt. So kann der Hundeführer ganz gezielt mit seinem Hund üben.

Bei dieser Art des Trainings besteht jedoch die Gefahr, daß die Wachtel zwar weiter abstreichen will, sich die Schnur aber an einem Grasbüschel verheddert. So kommt sie dann nicht zum Fliegen, sondern nur zum Flattern. Das wiederum veranlaßt den fremden Hund sofort zum Beutegreifen. Man verhindert das durch Anleinen, ein vorzügliches Hilfsmittel, um die Ruhe vor dem Wild beherrschen zu lernen.

Bei unsicheren Hunden ist es sowieso besser, wenn eine zusätzliche Person auf die Wachtel im Versteck aufpaßt und die Schnur hält, damit sich der Hundeführer ganz um seinen Hund kümmern kann.

Bei einem Junghund ist es gut, wenn er beobachten darf, wie die Wachtel auf den Boden gesetzt wird und sich ganz langsam in ihrer typischen, vorsichtigen Haltung, den Rükken aufgezogen, in Deckung begibt. Er wird den Vogel voll Spannung und Neugier anstarren und keinen Blick mehr von der Stelle lassen, wo er ihn aus den Augen verlor. Erst nach kleiner Pause gehen wir mit dem Hund an der Leine an die Stelle und verhalten uns selber ganz ruhig dabei. Nur jetzt kein Anfeuern zum Suchen! Es wäre sehr unklug und würde den Hund nur zur Hast verleiten anstatt zur Bedächtigkeit. Möglich, daß er sich der Stelle, wo der Vogel im Bewuchs untertauchte, im behutsamen Schleichschritt, das aussieht, wie verlängertes *Vorstehen*, nähert und dann das Näslein zu Hilfe nimmt. Den angeleinten Hund darf man jedoch nie so nah an die Wachtel heranrücken lassen, daß er sie beschnüffeln kann; sie könnte eine unvorhergesehene Bewegung machen und würde somit zur Beute. Dem jungen Jagdhund muß man Zeit lassen, Starmanieren in der Suche kommen nicht über Nacht; es kostet viel Mühe, Aufwand und Arbeit und unendlich viel Geduld. Das Hineindenken in das Verhalten des Hundes und des Wildes ist oberstes Gebot!

Ein Junghund von etwa einem halben Jahr kann durch dieses Wachteltraining ohne weiteres schon ein perfekter Vorstehhund sein, ehe seine eigentliche Abrichtung beginnt.

Ausschlaggebend für erfolgreiches Arbeiten mit Volierewild ist, daß die Wachtel dem Hund zuerst im Käfig vorgestellt wird. Der vierbeinige Schüler gewöhnt sich so unter Aufsicht an Geruch, Anblick und Verhalten der Hühnchen. Er soll und darf die Wachtel in der Hand des Menschen beriechen, so lernt er das *Schonen*.

Wenn Hunde dieses *Schonen* nicht kennenlernen, fassen sie sofort zu und machen Beute. Es ist wahrlich keine Kunst, einen wehrlosen Vogel umzubringen, aber der Hund beweist sich im Beherrschen, wenn er es nicht tut, ohne daß die Passion darunter leidet!

Anleitungen für das Suchen im Feld

Die Suche im Feld gilt dem *Federwild,* das ein Vorstehhund unter Ausnützung des Windes finden und markieren soll. Es ist eine Leistung »vor dem Schuß«.
Ein guter Feldhund sucht in flotter Gangart, im Galopp, in Seitenschlägen zum Wind, also am Wind entlang, nach der Lebendwittrung des Wildes. Er hält sich nicht an Lagerplätzen des Wildes oder an Spuren und Geläufen auf. Seine Nase wird solche Eindrücke rasch registrieren, aber sie dürfen ihn nicht beeindrucken.
Damit die Wittrung rechtzeitig vom Hund im Wind abgefangen werden kann und er überhaupt zum Vorstehen kommt, müssen seine *gute Nase* und sein *Gangwerk* einander ergänzen. Nasenleistung erfordert bekanntlich ein Stück Erfahrung, die sich ein Hund nur aneignen kann, wenn er im Feld oft an Wild herangeführt wird. Nur so paßt er sich den verschiedensten Situationen, den Bodenverhältnissen, der Vegetation, der Windstärke und Windrichtung an. Den Hund, der oft und rasch Wild findet, darf man wohl als feinnasig bezeichnen.
Eine Suche soll Stil und System haben; planloses Rasen, hinein in den Wind, links und rechts Feld unabgesucht liegen lassend, gehört nicht zur feinen Art der Feldhunde.
Die Nasengüte der Vorstehhunde wird im Feld an Federwild geprüft, an sogenannten Paarhühnern; das sind Rebhühner, die im Frühjahr immer zu Einzelpaaren zusammenstehen. Dieses Wild verlangt dem Hund eine sehr gute und sichere Nase ab, mehr als der Fasan. Wenn junge Hunde am Fasan eingearbeitet sind und dann im Prüfungsrevier überraschend an Rebhühner geraten, kann es vorkommen, daß sie dafür keine Nase zeigen und ausscheiden müssen. Als Rebhuhnersatz bietet sich zur Einarbeitung die *europäische Wachtel* an, die zum Jagdwild gehört und früher in unseren Fluren zahlreich anzutreffen war. Heute ist sie geschützt, läßt sich aber in Volieren leicht züchten und halten.
Sir Edward Laverack, ein berühmter Züchter von English Settern, sagt in seinem 1875 erschienenen Buch »Der Setter«: »... die Suche muß schnell, beherzt und gelöst sein. Der Hund soll sein Terrain systematisch absuchen, ohne Eifersucht sein gegenüber dem mitsuchenden Partner, gehorsam sein und auf Befehl unverzüglich die Richtung ändern. Beim Vorstehen ist er bewegungslos und starr wie eine Statue. Die für den Einsatz erforderlichen Eigenschaften sind große Schnelligkeit, sichere Nase, systematische Suche nach Wild, nicht zu brechende Energie, Ausdauer und Jagdpassion.« Seine Hunde gehörten zu den anerkannt besten der Welt.
Nun aber zurück zu unserem jungen Hund.

Die Feldarbeit verlangt körperliche Ausdauer, Lauf- und Sprungvermögen, ganz abgesehen vom Finderwillen. Ein Hund muß von der Zucht und Aufzucht her ein einwandfreies Gebäude haben, eine kraftvolle Vorhand und gut gewinkelte Hinterhand, eine gute Rippenwölbung und gut geschlossene Pfoten.

Ein an bewegungsarmes Zwingerleben gewöhnter oder fetter Hund bricht leicht an Kreislaufversagen zusammen, wenn es darum geht, mit seinem Herrn einige Stunden Rebhühner zu jagen. Das Suchen in Kartoffelkraut, Klee und Rüben ist für den Hund zwar eine große Freude, kann aber auch sehr anstrengend sein, wenn er soviel Aktion nicht gewohnt ist.

Mit dem Junghund gehen wir freilich vorerst noch nicht ins Feld; es wäre unklug, käme er jetzt schon mit Hasen in Berührung, denn sinnlose Sichthetzen sind zu vermeiden. Als Übungsgelände bieten sich gemähte Wiesen an, wildleeres, sog. »taubes« Gebiet. Solches steht nach dem ersten und zweiten Schnitt im Sommer und Herbst und an schneefreien Tagen bis hinein ins Frühjahr zur Verfügung.

Sinn und Zweck dieses Trainings ist es, unseren Hund zur Suche entlang dem Wind anzuleiten, dabei soll er uns stets als Mittelpunkt ansehen und links und rechts davon seine Schleifen ziehen, quer zur Windrichtung.

Damit er dies systematisch ausführt, geben wir ihm durch Armwink, Zuruf, gedehntes »Anpfeifen« oder langen, aber nicht schrillen Pfiff mit der Hundepfeife kleine Hilfen. Wenn er z.B. genügend links von uns gesucht hat und am Wiesenrand angelangt ist, pfeifen wir ihn leise heran, damit er auf uns wieder aufmerksam wird und zu uns äugt, dann winken wir ihn in die entgegengesetzte Richtung, laufen sogar ebenfalls ein Stück in diese Richtung mit. Der Hund sucht vor uns in großen, engen Schleifen, wir gehen in der Geländemitte im kleinen Zickzackkurs mit und geben die oben erwähnte Unterstützung. Für den Hund wird es langsam ganz selbstverständlich, sich, während er läuft und sucht, nach seinem Führer zu richten, ihm auf Zuruf, Wink oder Pfiff zu gehorchen. Wir müssen stets für ihn der Mittelpunkt sein, und immer geht die Suche *gegen* den Wind, *quer* zur Windrichtung, nie aber geradeaus, in den Wind hinein, ausgenommen der Hund wittert Wild! Der Hund hält während des Laufens sein Näslein stets seitlich in den Wind, nur so kann die Nase Wildwittrung abfangen.

Mit diesem *Suchentraining* fangen wir mit sechs bis sieben Monaten an, nachdem die zweiten Zähne durchgebrochen sind. Alle paar Tage in flotter Gangart zehn Minuten gesucht, genügt vorerst. Sonst verliert der junge Jagdhund bald den Spaß an seiner Aufgabe. Junge Hunde darf man nicht überfordern, alles muß mit Überlegung und viel Gefühl begonnen werden! An heißen Tagen oder bei Gewitterschwüle sollten Sie nicht üben, genausowenig wie man einem jungen Hund bei ansteigender Tagestemperatur nicht das Laufen am Fahrrad zumutet. Noch ist das Wachstum unseres Freundes nicht

abgeschlossen, und kein vernünftiger Mensch überanstrengt ein so kleines Geschöpf. Beim Suchentraining achten wir auch auf evtl. Unarten, die zu diesem Zeitpunkt noch abzustellen sind. Ein *Bodenschnüffler* z.B., der sich allzugern an »warmen« Mauselöchern oder Maulwurfhügeln aufhält, wird sofort herangerufen und energisch in die andere Richtung zur Weitersuche geschickt.
»Herumstochern« an Bodenwittrungen aller Art ist beim Suchen nicht erwünscht. Der Hund soll in flotter, beschwingter Gangart ausschließlich nach Federwild suchen, und um dieses finden zu können, braucht er den Wind als Verbündeten. Er selbst muß so viel »Jagdverstand« besitzen, ihn richtig zu nutzen. Alle anderen Düfte sollen ihn nicht interessieren. Die Grundlage dafür legen wir bei den ersten Anleitungen zur Sucharbeit. Ein Schnüffler, dem das Interesse an den kleinen Nagern nicht beizeiten verleidet wurde, kann seinen Führer später zur Verzweiflung bringen.
Ich gebe hier zu bedenken: Ein guter Hund entsteht nicht nur durch Züchtung allein, sondern auch durch die geschickte Erziehung eines Führers!
Es ist durchaus möglich, daß ein Junghund von etwa sieben Monaten schon ausgezeichnet vorsteht, dann darf er ab und zu, an langer Leine (!), an Rebhühner herangeführt werden. Mir selbst sind noch viel jüngere Hunde bekannt, welche bereits mit viel Geschick die Hühner oder die ausgesetzten Wachteln ausmachten. Ihre Führer vermieden selbstverständlich eine Begegnung mit Haarwild. Wer meint, seinem Hund würde das Hasenhetzen bekommen, der wundere sich nicht, wenn alle Eigenschaften für das Vorstehen, all die feinen Feldmanieren vom Hetztrieb unterdrückt werden.
Bei den *Anlageprüfungen* für deutsche Vorstehhunde (ausgenommen Deutsch-Kurzhaar-Derby) wird Spurarbeit am gesunden, nicht sichtigen Hasen verlangt. Einem sehr passionierten, hasengierigen Hund wird ein überlegter Führer warme Hasenspuren zum Ausarbeiten nur selten anbieten und wenn, dann nur an der langen Leine und nur solange er selbst vom Spurverlauf Kenntnis hat. Wird ein Junghund zur Feldarbeit geschnallt, sollte er das angewiesene Gelände unter dem Zuruf »Such voran« planmäßig absuchen, er darf dabei nicht bummeln, als würde er spazierengeführt.

Des Junghundes Grundschule: »Sitz!« und Sitzenbleiben

Wir haben uns in allem, was unseren Hundekameraden anbelangt, von Anfang an absolute Konsequenz vorgenommen, d. h. immer gleich freundlich, immer gütig und liebevoll und, wenn ihm etwas verleidet werden soll, mit Bestimmtheit und ohne Zugeständnisse aufzutreten.

Junge Hunde lernen leicht und gern, sie beobachten und lauschen aufmerksam auf den Klang unserer Stimme. Der Mensch darf in seiner Ungeduld nicht zuviel auf einmal verlangen und muß Rücksicht nehmen auf das jugendliche Alter.

Leider begehen viele Menschen im Umgang mit Hunden immer wieder viele Fehler und wundern sich, wenn der Erfolg ausbleibt, und zu guter Letzt geben sie dem Hund, der am wenigsten dafür kann, die Schuld. Er lebt in seiner Welt der Triebe und Instinkte, er tut nichts uns zuliebe oder aus Einsicht. Er lernt aus der Erfahrung. Wir formen seine Welt, und er ordnet sich unter, und nur *die* Abrichtung ist die beste, bei der unser Hund den unabänderlich damit verbundenen Zwang gar nicht merkt, die ihm sein Selbstvertrauen, seine Selbstsicherheit nicht zerstört.

Im Verlaufe unseres Zusammenseins ergibt es sich, auch bald mit den ersten leichten Grunddisziplinen zu beginnen. Dazu gehört als erstes das *Sitzen* und *Sitzenbleiben*. Der kleine Hund soll lernen, sich auf das Hörzeichen »Sitz!« zu setzen, still zu halten und so lange sitzenzubleiben, bis wir ihn durch neues Hörzeichen aus der Stellung erlösen. Zu solchen Erstlingsübungen darf der Hund nicht müde sein vom Auslauf und Spiel, er soll auch nicht gerade erst vom Futtern kommen, denn der gefüllte Bauch macht ihn träge. Wer seinem Hundekind etwas beibringen will, wähle einen ruhigen Ort, den der Hund kennt, ein Zimmer, der Hof, der Garten, wo ihn nichts ablenkt. Erst später gehen wir mit ihm nach draußen, wenn er das Pensum zu Hause geschafft hat.

Das Geheimnis des Erfolges ist, daß das gesprochene Wort, das Hörzeichen, *zugleich* durch die Hände als Begriffsvermittler unterstützt angewandt wird. Wer das befolgt, wird seinem Hund ein guter Lehrer sein! Wer ihm Vorträge hält und meint, der Hund könne das verstehen, verpfuscht den Hund. Bei aller Auffassungsgabe unserer Vierbeiner sind ihren Leistungen hier Grenzen gesetzt.

Ein Welpe lauscht unserer Stimme, er prägt sich den Tonfall ein. Deshalb sagen wir unsere Befehle langsam und gedehnt, z. B. »Siiiitz!«, und drücken den vor uns stehenden, angeleinten Hund gleichzeitig mit der linken Hand dabei über seine Kruppe rutschend, in die von uns gewünschte Stellung.

Abb. 32. Das Sitzen wird gelehrt: Die Hände wirken als Begriffsvermittler und unterstützen das Wort, den »Siiitz«-Befehl.

Das »Siiiitz!« wird monoton, immer im gleichen Tonfall, noch einige Male wiederholt, und die Linke schwebt über dem Rücken des Hundes, um notfalls noch einmal nachhelfen zu können, sollte er aufstehen wollen. Einige Sekunden muß in der Sitzhaltung ausgehalten werden, wobei auch wir uns still verhalten, sonst verleitet unsere Unruhe den Hund zum Aufstehen. Nun erst sagen wir freundlich »Komm!« und gehen mit dem Hund an der Leine ein Stückchen weiter. Brav war der kleine Schüler!

Nach einer Weile legen wir auf unserem Spaziergang erneut ein Stop ein und üben wieder das Sitz, unter Zuhilfenahme unserer Hände, die als der Begriffsvermittler immer wieder unser Wollen unterstützen.

In der Sitzstellung wiederholen wir in kurzen Abständen das neue Hörzeichen noch einige Male, damit es sich in das Gedächtnis des kleinen Hundes einprägen kann. Viele Worte würden in ihm Verwirrung stiften und das Lernen unnütz erschweren. Bitte beherzigen Sie das!

Dehnen Sie die Sitzübung vorläufig noch nicht länger aus als bis zu einer halben Minute, das genügt für den Anfang und fordert dem kleinen Hund bereits viel Konzentration ab. Mit einem freundlichen »Komm!« wird der junge Hund nach korrekt ausgeführter Arbeit aus dieser Stellung abgerufen. Sehr wichtig ist, grundsätzlich nach jeder abgeschlossenen Sitzübung zur Entspannung Gänge einzuschalten. Gänge bedeutet: Wir gehen mit dem *angeleinten* Hund etwa zehn Meter und bleiben dann erst wieder stehen zur Wiederholung des Neuen.

Dem Junghund sollten nicht mehr als etwa sechs solcher Sitz-Wiederholungen hintereinander zugemutet werden, das Verweilen in der Sitzhaltung nicht länger als eine halbe Minute. Jedenfalls soll man dann damit aufhören, wenn es besonders gut geklappt

hat! Ein guter Ausbilder kostet ein solches Erfolgserlebnis mit dem Hund gemeinsam aus. Dann leidet nie die Aufmerksamkeit, das Konzentrationsvermögen und nicht zuletzt die hundliche Arbeitsfreude und sein guter Wille, sich zu fügen, darunter.
Wir wollen ihn ja nicht das Fürchten lehren, sondern einen Freund und Gefährten gewinnen, der uns freudig, fröhlich und mit ganzem Einsatz begleitet und seine Aufgaben erfüllt. Wie oft wir am Tag üben können, kommt auf die Zeit des Ausbilders an. In Zeitnot sollte eine Gehorsamsübung erst gar nicht begonnen werden. Der Junghund braucht Entspannung und Aufheiterung danach, er will frei laufen und springen, dann wird er des Lernens nicht überdrüssig, sondern freut sich, daß wir uns mit ihm beschäftigen.
Er braucht vollstes Vertrauen zu uns, das niemals erschüttert werden darf!
Die einfache Grundübung »Sitz!« kann bereits ein Welpe von 10–12 Wochen erlernen. Kann, – es kommt auf das Geschick des Lehrers an!
Sein Einfühlungsvermögen ist es auch, das die Anlagen eines Junghundes fördert, nicht der Drill. Die drei wichtigsten Grund-Gehorsams-Disziplinen, die ein Jagdhund lernen und beherrschen muß, sind »Sitz!«, das »Herankommen« oder »Hierher!« und das »Halt!« oder »Down!«. Es bedeutet, sich niederlegen.
Das *Sitz* ist die Basis, auf dem alle anderen Übungen aufbauen. Aus dem Sitz wird das Herankommen gelehrt, an langer Leine, auf Ruf, Pfiff oder Armwink. Ist der Hund in diesen Abschnitten gut gearbeitet – er ist jetzt ein halbes Jahr alt geworden – dann lernt er die für den Jäger wichtigste aller Gehorsamsübungen, das »Down!«, ebenfalls auf Ruf, Armzeichen oder Trillerpfiff. Hat er das Alter von 8–9 Monaten erreicht und ist perfekt im Gehorchen, dann können wir ihn bald im Feld führen. Zwischendurch beschäftigen wir ihn auch weiterhin sinnvoll mit dem Apportieren, seine angewölfte Bringlust nützend.
Eine genaue Altersangabe, *wann* mit einer Übung jeweils begonnen werden soll, kann es natürlich nicht geben. Jede Übung baut auf der vorhergehenden auf, und das hat nur Sinn, wenn jede Disziplin sicher beherrscht wird. Nicht alle Hunde sind gleich, der eine lernt rascher, ein anderer ist schwer von Begriff, letzten Endes kommt es immer auf das »Wie sag' ich's meinem Hund«, auf den Menschen mit an.
Noch ist der Hund im Kindesalter. Wenn der Hund einmal versagt oder nicht will, dürfen wir uns jedoch nicht in dem Glauben wiegen, er sei ja noch jung, er würde es schon noch lernen. Wird er eben nicht! Kein Hund verbessert von sich aus seinen Gehorsam, dazu fehlt ihm die Einsicht in solches Tun. Entweder er wird von klein auf folgsam, weil er es durch konsequente Behandlung nicht anders gewöhnt ist – dann dürfen wir uns gratulieren –, oder seine Unterordnung läßt mit zunehmendem Alter immer mehr zu wünschen übrig, er nutzt seine Freiheit, wo immer er kann, – dann hat sein Herr viel

Mühe mit ihm. Jeder Halter eines Jagdhundes hat das in der Hand und wird den Hund besitzen, den er verdient.
Doch zurück zu unserer ersten Gehorsamsübung. Wir wiederholen sie täglich, beim Anleinen, beim Ableinen oder auch zwischendurch, wenn der Hund an der Leine mitläuft. Gehorcht unser kleiner Schüler willig, steigern wir die Anforderung ein wenig. Wir bewegen uns vor, neben oder gar hinter dem Hund, umkreisen ihn und achten darauf, daß er sich in seiner Sitzstellung nicht rührt. Dann heben wir, stellvertretend für das Hörzeichen, ermahnend den rechten Zeigefinger: »Sitz, und bleib sitzen!« Hält der kleine Hund solche Verleitungen aus, gibt es ein großes Lob, wird er unruhig, ist es für uns das Signal, daß wir das bisherige Pensum weiterhin gründlich üben müssen, ohne Verleitungen, ohne Ablenkungen. Unser Hund ist noch unsicher im ruhigen Sitzen, wir dürfen uns noch nicht neben ihm bewegen. Das hält er nicht aus, da reißt seine Geduld, und Schimpfen hätte keinen Sinn, das wäre unklug von uns, weil sich die Unsicherheit auch auf Übungen übertragen würde, worin der Hund bereits sicher war in der Ausführung. Das gilt grundsätzlich für alles, was wir an Gehorsamsleistung von einem Hund erwarten.

Das Herankommen

Sobald der kleine Hund das Sitzen und Sitzenbleiben so weit beherrscht, daß er auch dann ganz ruhig am Platz ausharrt, wenn wir um ihn herumgehen, in engen, bei der nächsten Übung in größeren Bögen. Wenn er auch in der Sitzstellung verweilt, wenn wir etwa 20 Meter vor ihm stehen bleiben oder ganz schnell, händeklatschend an ihm vorbeilaufen, so sind das besonders große Verleitungen. Hält er all das aus, ist er im Sitzen gefestigt, beginnen wir mit der nächsten Übung. Nicht eher! Der kleine Hund muß alles in seinem Gedächtnis in seinem Erfahrungsbereich miteinander verknüpfen können. Das Hörzeichen »Sitz!« können wir im Laufe der Zeit durch ein leise gezischtes »Ssst« oder nur noch durch Heben des rechten Zeigefingers in Brusthöhe ersetzen.
Das alles zu begreifen, dazu ist ein Junghund durchaus fähig. Sein Mensch muß sich nur viel und sinnvoll mit ihm beschäftigen.
In der Sitzstellung loben wir *nicht,* das ist *Unterordnung,* und Lob zur falschen Zeit bewirkt das Gegenteil von dem, was wir anstreben. Erst wenn die Übung beendet ist durch unser »Komm!«, war der Hund »Brav!«, wird kurz »abgeliebelt«, denn er muß wissen, daß er es richtig gemacht hat und wir mit ihm zufrieden sind.
Die nächste Übung ist das »Herankommen«, sie ergibt sich aus der Sitzstellung.

Bis jetzt waren wir immer diplomatisch und haben den fröhlich freilaufenden Junghund beim Draußensein nur dann zu uns herangerufen, wenn er durch nichts abgelenkt war. Jetzt muß er lernen, daß er immer unverzüglich zu uns zu kommen hat, wenn wir ihn rufen, ihm winken oder pfeifen. Diese Einwirkungen sind dem jungen Hund bereits von klein an bekannt, er hat jedes Mal erfahren, daß es gut ist, zum geliebten Menschen zu eilen. Jetzt kommt er in das Alter, etwa mit sechs Monaten, wo es sehr angebracht ist, das Herankommen gezielt in die Junghundeausbildung mit einzuplanen.
Man sollte damit nicht warten, bis ein vor Temperament geladener Junghund sich beim Draußensein immer weiter von uns entfernt, immer größere Schleifen um uns zieht und das Gehorchen zur Glückssache wird.
Das »aus der Hand gehen« ist in diesem Alter rasch passiert, es geht meist so schnell, daß ich hier einmal besonders davor warnen muß! Lassen Sie es gar nicht soweit kommen, beugen Sie vor und betrachten Sie Gehorsam als vorrangig. Um das Herankommen zu üben, brauchen wir eine Feldleine von 15 bis 20 m Länge, eine Schnur aus Perlon mit Karabinerhaken für die Halsung.
Diese *Longe* muß grundsätzlich verwendet werden, auch bei noch so willigen Hunden, denn sie ist die verlängerte Verbindung zwischen Mensch und Hund, dem kleinen Rudel.
Statt der Führleine verwenden wir jetzt die lange Leine, lassen den Hund sitzen und vor ihm ein Stück Leine herabhängen, nehmen das Schlaufenende in die Hand und entfernen uns vom Hund fast bis auf Leinenlänge. Die Longe darf nicht straff sein, damit der Hund keinen noch so leichten Hautreiz verspürt, der ihn zum Aufstehen veranlassen könnte. Wir bleiben ruhig stehen, haben den Zeigefinger erhoben, was der Hund kennt, und bedeuten ihm Sitzen und Sitzenbleiben.
Dann rufen wir »Hierher!« oder »Heran!«, laufen etwas rückwärts, mit dem Arm seitlich an den Oberschenkel klopfend. Freudig über diese Aufforderung wird unser kleiner Schüler aufspringen und gelaufen kommen.
Statt des Heranrufens können wir auch den Doppelpfiff aus der Hundepfeife benutzen. Wir können Sicht- und Hörzeichen auch koppeln, also rufen und winken, oder pfeifen und winken oder auch nur winken. Auf jede dieser Möglichkeiten stellen wir den Jagdhund ein.
Zögert der Hund mit dem Kommen bei Abruf aus der Sitzstellung, hilft ein leichter Zug an der langen Leine. Will er an uns vorbeilaufen, fangen wir ihn an der Longe ab und veranlassen den Hund, sich vor uns hinzusetzen.
Dieses *Vorsitzen* lernt er jetzt gleich, wir brauchen es beim Apportieren. Der apportierende Hund soll sich vor seinen Herrn setzen und warten, bis ihm die Beute abgenommen wird.

Abb. 33. Der gut apportierende Hund hält die Beute so lange im Fang, bis sie ihm abgenommen wird.

Um das unverzügliche Gehorchen, das Zu-uns-Kommen, zu erreichen, rufen, winken oder pfeifen wir den Hund nicht nur aus der befohlenen Sitzstellung ab, sondern auch aus der Bewegung heraus. Es ist günstig, diese Übung auf einer freien Wiese zu machen, so kann sich die Schnur nicht verheddern. Unsere Hand schützen wir mit einem Handschuh, damit uns bei einem unvorhergesehenen Ruck nicht die Haut in Fetzen geht. Beim »Hierher!«, aus der Bewegung, muß der Hund immer auf Tuchfühlung zu uns herankommen, er wird kurz abgeliebelt und darf gleich wieder weiterlaufen. Soll er beim nächsten Kommen vorsitzen, bleiben wir beim »Heran!« stehen und heben den rechten Finger. Beim Training an der Longe über taubes Gelände läßt sich zusätzlich die Übung der *Quersuche* leicht einbauen. Dabei müssen wir den Wind besonders beachten.

Gerät der freilaufende Hund einmal unverhofft an Wild, hetzt und kehrt dann willig zum Herrn zurück, gibt es nie eine Strafe, der Hund würde dies nicht verstehen, denn die vorangegangene Hetze ist längst vorbei und das Herankommen in seinem Gehirn als nächste Handlung schon dazwischengeschaltet. Auf diese Handlung würde der Hund die Strafpredigt beziehen, nicht auf die Hetze, und das würde ihn in seinem grenzenlosen Vertrauen zu uns verunsichern.

Wer seinen von einer Hetze zurückkommenden Junghund straft oder schlägt, wird garantiert keinen gehorsamen Hund aus ihm machen, sondern die Grundlage für die *Handscheue* legen. Sich gegenüber einem wehrlosen Hund brutal und ungerecht zu verhalten, ist leicht und leider vieler Menschen Weisheit letzter Schluß. Nachdenken, Herz, Gemüt, Verstand und Kenntnis walten lassen ist besser und – menschlicher! Nicht der von unerwünschter Hetze zurückkommende Hund wird bestraft, sondern die Hetze in ihren Anfängen unterbunden. Das gelingt, wenn der Hund lernt, auf Trillerpfiff, Ruf oder Armbewegung in die sog. *Downlage* zu versinken.

Das sichere »Down!«

Um einem jungen Hund die Disziplin Down so beizubringen, daß er sie auf Triller, Ruf oder Armzeichen vor aufstehendem, flüchtigem und gesundem Wild zuverlässig ausführt, bedarf es von seiten des Ausbilders ernsthaften Fachwissens und gründlicher Beschäftigung mit dem Hund. Bei keiner Übung wird soviel Dilettantismus bewiesen, werden bedauernswerte Hunde sinnlos bestraft! Es ist der Mensch, der falsche Schlüsse zieht, weil ihm das Einfühlungsvermögen, die Geduld als Voraussetzung im Umgang mit einem Lebewesen, das nicht denken und folgern kann wie wir, fehlen. »Mein Hund geht auf Triller ›Down!‹, bei einer Entfernung von 10 Metern. Weiter weg jedoch hört er mich nicht mehr und ist am Hasen unmöglich zu halten«, so lauten die Klagen. Dann wird der zurückkommende Hund vor den Füßen seines Herrn auf »Down« gebrüllt, und der »Meisterführer« steht hoch aufgerichtet vor ihm, den Arm gen Himmel gereckt, die Trillerpfeife im Mund, wie das leibhaftige Donnerwetter! Wenn mancher wüßte, wie armselig und lächerlich dieser Anblick auf andere wirkt!

Das blitzschnelle Hinlegen, wenn der Trillerpfiff oder der Ruf dies fordert, lernt der Hund ganz systematisch in Teil-Leistungen, wie auch das Apportieren (dulden – halten – tragen – vom Boden aufnehmen). Beim »Down!« ist es nicht anders. Alte Jagdkynologen sprechen hier in voller Absicht von der »gerechten Jagdhundeschulung«. Ein Jagdhund im Alter von 7–8 Monaten kann erst in die Downabrichtung genommen werden, wenn er das Sitzen, Sitzenbleiben und Herankommen einwandfrei beherrscht. Das Apportieren flechte ich nicht mehr mit ein, weil ich annehme, daß der Junghund den Begriff Apport bereits mit Dulden, Halten, Tragen und Aufnehmen kennengelernt hat.

Der Spaziergang oder Reviergang wird immer abwechslungsreich gestaltet. Ab

Abb. 34. So nicht! Der herankommende Hund muß immer freudig empfangen werden. »Down« heißt es nur, wenn der Hund sich von uns entfernt.

Abb. 35. Aus der Sitzhaltung heraus lernt der Hund das korrekte »Down«.

und zu hat Herrchen auf der Führerfährte etwas verloren, und der Hund darf danach suchen und es zurückbringen. Gelegentlich gibt es mal eine Schleppe mit echtem Wild, oder es wird dem Hund die Möglichkeit geboten, an einem ins hohe Gras geworfenen Wild oder Balg seine Bringfreude und Bringtreue zu beweisen.

Auch hier wäre eine genaue »Gebrauchsanweisung« fehl am Platz, würde sie doch das Individuum Hund völlig außer acht lassen. Die fertige Ausführung der Down-Übung kann nie zu schnell erfolgen, der Hund soll bereits in der Haltlage verschwunden sein, wenn der Triller noch in der Luft hängt. Würden wir dem Hund Zeit lassen, genügte ihm diese winzige Spanne zwischen Befehl und Gehorchen, um mit dem flüchtigen Wild durchzugehen. Es wäre sinnlos, einen Hund in einer einmal aufgenommenen Hetze bremsen zu wollen, er ist taub für jede Einwirkung und in diesem Stadium von Urtrieben besessen.

Der Ausbilder eines jungen Jagdhundes wird jetzt auch verstehen, warum diese Disziplin »Down!«, mit der wir den Hund im Gehorsam sicher machen, mit aller Gründlichkeit, mit allem Nachdruck und absoluter Konsequenz gelehrt werden muß.

Der darin einmal firme Hund muß sie blitzschnell ausführen, aber lernen muß er sie in Zeitlupe! Und während der Hund lernt, ist jede Wildbegegnung draußen zu vermeiden!

Kein Hund reagiert beim Üben gleich. Es kann sein, daß der eine zittert, der andere aus Angst die Zähne fletscht – aber lernen kann es wirklich jeder! Die Basis ist wieder das Sitzen. Wir beugen uns zum Hund, umfassen seine Vorderläufe und ziehen sie ganz langsam nach vorne aus und sagen dabei gedehnt und etwas drohend: »Down!« (= sprich »Daun«) oder »Halt!«. Auf eines der Hörzeichen muß sich der Hundeführer einigen.

Liegt der Hund flach, drücken wir seinen Kopf sachte, aber bestimmt zwischen die Vor-

Abb. 36. Dann werden die Vorderläufe langsam nach vorne gezogen.

derläufe und wiederholen mehrmals das neue, dem Hund noch unbekannte »Down!«. In dieser absoluten Unterordnungsstellung loben wir nie, aber strafen auch nie! Der Hund steht beim »Halt!« sowieso unter für ihn unangenehmer Zwangseinwirkung! Er kann sich ihr nicht entziehen; würde er es versuchen, korrigieren unsere Hände seinen Ausbruchsversuch.

Jeder Junghund ist von allem Neuen tief beeindruckt, deshalb machen wir das nur einige Male am Tag, immer an der Leine und immer mit Gängen dazwischen.

Jeder Hund verhält sich dabei anders, manche werfen sich auf den Rücken, ergeben sich völlig, das neu zu Übende ist ihnen unheimlich. Je ruhiger der Lehrer dabei verfährt, desto eher kommt er an sein Ziel, und der Hund verweilt ruhig in der Downlage.

Gelingt es nicht, durch Umfassen der Vorderläufe den Hund ins Down zu bringen, kann man die Leine, die vor dem sitzenden Hund herabhängt, unter dem rechten Schuh durchziehen und die Schlaufe in die Hand nehmen. Beim Geben des Hörzeichens ziehen wir an, und der Hund kann nicht anders, er muß dem Zug nach abwärts nachgeben und sich legen. Hat er das getan, muß der Leinenzug sofort nachlassen!

Abb. 37. Eine andere Methode, den Hund in die »Down«-Lage zu zwingen, besteht darin, die Leine unter einem Schuh durchlaufen zu lassen und langsam daran zu ziehen – kombiniert mit dem Hörzeichen »Down«.

Eine dritte Möglichkeit, mit der eigentlich jeder Führer und sein Hund bei Abrichtelehrgängen recht gut zurechtkam, ist, die flache linke Hand im Nacken des sitzenden Hundes aufzulegen und bei »Down!« den Hund damit durch festen Druck nach vorne, abwärts in die gewünschte Haltlage zu schieben.
Die Betonung liegt bei »schräg« nach vorne schieben, nicht gerade herunter, weil sich der Hund anatomisch so gar nicht flachlegen könnte!
So lernen es die meisten Hunde am schnellsten. Der Druck auf den Nacken, das Schieben nach schräg vorne, zwingt sie in die Downstellung. Verharrt der Hund für mehrere Sekunden in dieser Stellung, wobei wir das neue Hörzeichen – und nichts anderes – drohend wiederholen, dann erlösen wir ihn wie gewohnt durch freundliches »Komm!« aus seiner Lage. Zu loben ist nicht angebracht, das Down ist ein absolutes Muß, kein »Du darfst!«

Die Teil-Leistungen der Down-Schule

Mehrmaliges Üben am Tag macht dem Hund das Neue so selbstverständlich, daß es bald, wie alle anderen Disziplinen, zur Gewohnheit wird.
Anfänglich bringen wir dem Hund bei, dem *Downbefehl* auf unser gesprochenes Wort nachzukommen; wir gebrauchen dabei noch immer die Hände als Begriffsvermittler, um dem Hund unser Wollen klarer zu machen.
Erst wenn sich der Hund auf das Hörzeichen von alleine hinzuwerfen beginnt und die Handeinwirkung nur noch zur Korrektur benötigt wird, können wir statt des Wortbefehls die Trillerpfeife verwenden oder mit beidem abwechseln. Leider sind die in

Deutschland gebräuchlichen Hundepfeifen im Tonfall kaum zu modulieren, deshalb nehme ich für den eigenen Gebrauch z. B. Pfeifen aus England. Mir ist es jedesmal unangenehm, wenn ich Hundeführer sinnlos schrill und laut trillern höre, obwohl ihr Hund direkt neben ihnen steht. Jeder Hund macht einmal den Versuch, die Befolgung des Haltbefehls zu vernachlässigen. Wir dürfen dies nur nicht übersehen und auf keinen Fall dulden!

Die Downabrichtung beeindruckt jeden Junghund, erfordert hohe Konzentration von ihm. Deshalb sollte auf strenges, konsequentes Training anschließend eine Auflockerung folgen. Ein junges Geschöpf darf nicht immer unter Druck stehen, das wäre falsch. Hat er diesen ersten Übungsteil, das Down aus der Sitzposition, begriffen, probieren wir dasselbe mit dem angeleinten Hund während des Gehens und im Laufen. Es kommt nicht darauf an, daß der Hund *lange* in unbeweglicher Downlage verbleibt, sondern darauf, daß er im Verlauf der harten Dressur so rasch wie nur möglich zusammenfällt, er also dem Befehl *blitzschnell* nachkommt! Er soll buchstäblich wie vom Blitz getroffen am Boden verschwinden. Bedenken wir, daß der Hund mit dem Down aus voller Bewegung heraus abgebremst werden soll. Aus dieser Stellung holen wir ihn ab und lassen ihn weitersuchen. Dieses »Down!« hat nichts zu tun mit dem »Platz!« zu Hause oder dem Ablegen im Freien, während einer Rast, denn dabei kann sich der Hund Zeit lassen, um sich bequem niederzulassen.

Das Down auf Triller wird dazu benutzt, um den Hund von einer Wildhetze abzuhalten. Wir stoppen ihn damit, wenn er beim Suchen nicht in bestimmte Kulturen laufen soll. Durch das Down wurde auch schon mancher Hund rechtzeitig vor einer Straße und deren Gefahren bewahrt.

Auf was es ankommt, ist die schnelle, sichere Ausführung des Befehls. Ich betone immer wieder, daß das Lernen am Anfang unbedingt in Zeitlupentempo zu geschehen hat, später erst, wenn der Hund mit der neuen Disziplin vertraut ist, die Ausführungsschnelligkeit gesteigert werden muß. Kann der Hund das Down sicher an der kurzen Führleine, üben wir weiter an der Longe. Beim Down erfolgt ein Schwung aus dem Handgelenk, der sich als Hautreiz an der langen Leine überträgt auf den Hund. Dieser Hautreiz steht stellvertretend für die Einwirkung unserer Hände.

Die lange Leine ist unser verlängerter Arm, und der Hund soll das Gefühl haben, daß er sich diesem nicht entziehen kann. So wird der abverlangte Gehorsam zur selbstverständlichen Gewohnheit.

Es ist unzweckmäßig, den Hund heranzurufen und ihn dann auf Down niederzutrillern. Es ist ohne Sinn! Das Herankommen muß immer voller Freude geschehen und darf vor des Herren Füßen keine bösen »Folgen« haben!

Hat sich der Hund von uns entfernt, dann muß man ihn halten können, aus dem vollen

Abb. 38. Der linke Hund ist *abgelegt,* der rechte liegt in *»Down«-Lage.*

Sprung heraus, und nicht wenn er schon angekommen ist! Nur wer das begreift, hat den Sinn der ganzen Downdressur erfaßt, erspart sich und seinem Hund manch vermeidliche schwere Stunde und dem unschuldigen Geschöpf seelische Qual. Auch Abrichtung kann für einen wehrlosen Hund Tierschinderei sein! Lassen Sie Herz, Verstand und Logik walten im Umgang mit dem Hund! Ein 8–9 Monate alter Hund, gesund, gut entwickelt und voll Vertrauen zum Herrn ist durchaus fähig, die harte Downschule ohne Beeinträchtigung seiner Selbstsicherheit durchzustehen! Gerade dieses Alter ist das »gefährliche«, in dem »jugendliche« Hunde nur zu gerne wissen möchten, ob sie immer und zu jeder Zeit gehorchen müssen! Hunde während dieser kritischen Entwicklungszeit gewähren zu lassen und abzuwarten, bis sich der Gehorsam von selber ergibt, bis der Hund »vernünftiger« wird, wäre eine absolute Vermenschlichung, ein Trugschluß. Jeder Gehorsam ist anerzogen und durch Gewöhnung gefestigt, auch im wilden Rudel müßte sich der Hund einordnen, ja vielleicht sogar unterordnen.
Auf wildfreiem Gelände darf der Hund mit zunehmender Festigkeit im Down ab und zu mit schleppender Longe laufen, oder wir belassen eine etwa 2 m lange Schnur an seiner

Abb. 39. »Down« auf Sichtzeichen, wenn der Hund *vor* seinem Führer sucht.

Halsung. Der frei laufende Hund hat so das Gefühl, immer noch an der Longe zu sein, und das ist gut.
Wohlgemerkt, wir üben immer noch ohne jede Wildberührung. Das Down erfolgt auf Ruf, Triller oder, wenn der Hund zu uns äugt, durch Armhochheben. Auch die Kombination von Sichtzeichen und Triller ist erlaubt. Der Doppelpfiff für das Kommen und der feste einmalige Triller für das Down dürfen dabei nicht verwechselt werden!
In die Quersuche lassen sich einige Haltübungen recht gut mit einbauen, wenn der Hund z. B. zu weit in den Wind hineinstechen will. Zu Beginn dieser neuen Disziplin ist es gut, den liegenden Hund abzuholen und zur Suche wieder neu auszusenden.
Sind Sie davon überzeugt, daß Ihr junger Schüler recht gut in Ihrer Hand ist, dann erst, und niemals früher, bauen wir allmählich Ablenkungen ein, denn nur sie lassen erkennen, wie perfekt und gefestigt der Hund wirklich ist im Erlernten, oder ob es besser ist, wieder etwas zurückzustecken und in den Anfangsdisziplinen weiterzuüben. Diese Ablenkungsmanöver sind noch immer nicht mit Wild in Verbindung zu bringen.
Viele scheitern nur deshalb mit ihrer Dressur, weil sie glauben, die in den Abrichtelehrgängen gezeigte Grundschule reiche auch aus für draußen am Wild. In den Kursen kann den Führern aber nur gezeigt werden, wie der Hund seine Lektionen lernt. Es wird von ihnen aber erwartet, daß sie selbst weiterarbeiten mit ihren Hunden.
Als Verleitungen bietet sich z. B. flatterndes Papier an und alles, was den Hund aufmerksam werden läßt, auch eine Schar Vögel oder ein in der Ferne laufender fremder Artgenosse. Wir führen den Hund im Feld aber noch nicht direkt an Wild.
Beim Gang mit dem Hund durch Wald und Flur bekommen wir aber ab und zu Wild zu sehen, auch unser Hund. Wir sollten ihn dann sicherheitshalber immer an unserer Seite angeleint laufen lassen, wenn wir mit Wild, vor allem mit Haarwild, rechnen müssen.

Wildbeobachtungen sind für den Hund nichts Ungewöhnliches, denn er ist von klein an ja unser ständiger Begleiter gewesen und wurde stets zur Ruhe angehalten. Beim plötzlichen Auftauchen flüchtigen Wildes befehlen wir ihn jetzt kurz in die Downlage und tun, als wäre kein Wild vorhanden, als hätten wir es nicht bemerkt; dann gehen wir mit dem Hund weiter.

Steht ein Hund in dem Alter bereits gut vor und zieht er dem ablaufenden Federwild behutsam nach, das ist ohne weiteres möglich, dann halten wir ihn jetzt vor dem Nachprellen hinter dem Wild durch den Triller ab.

Den Hund, der zwar Nase zeigt, aber zu nahe ans Wild will, weil seine Vorstehanlage noch nicht richtig oder vielleicht zu wenig entwickelt ist, der lieber greifen will, statt vorstehen, den können wir jetzt mit Hilfe der langen Leine und dem Down allmählich zum festen Vor- und Durchstehen veranlassen. Dabei heißt es mit Fingerspitzengefühl ans Werk zu gehen; ist nämlich des Hundes Nase bereits fest im Bereich der Wildwittrung und verlange ich jetzt Down, also dressurmäßiges Flachliegen, dann nehme ich den Hund aus dem Duftbereich des Wildes heraus, und der noch recht unsichere Hund könnte es falsch verknüpfen und meinen, Hühnergeruch ist »Pfui«. So würde er zum *Blinker*, der sich Wild nicht zu zeigen wagt.

Einen robusten jungen Hund, der, mit der Nase im Wind und am Federwild, immer ungeduldiger vorwärtsdrängt und der mir garantiert die Hühner »schmeißt«, den hab ich am Band, und will er sich in die Stränge werfen, bannt ihn im richtigen Moment ein Triller. Ich laß ihn dann aufstehen und langsam aufrücken; jetzt tut er es schon vorsichtiger. Er darf mit der Nase am Wild bleiben, ich bremse so lange, bis auch dieser heftige Hund fest vor- und durchsteht.

Bei allem Wild, das *abstreicht,* heißt es Down.

Ist mein junger Jagdhund sehr gehorsam und klappt das Down in der vorschriftsmäßigen Lage einwandfrei, dann darf er sogar erhobenen Kopfes dem Federwild nachäugen, nicht dem Hasen! Ein fertiger Hund soll auch beim Schuß ruhig beobachten können. Er tut sich dann bei der Nachsuche nach geflügelten Hühnern leichter, vor allem auf geständerte Hühner. Wichtig ist nur, und da gibt es keine Zugeständnisse, daß er sich beim Aufstehen des Wildes und beim Schuß völlig ruhig verhält!

Der Junghund darf und soll überall mit im Revier, nur Hetzen müssen wir vermeiden. Im Verlaufe der Downabrichtung, die sich über Wochen hinzieht, erleben wir mit Freude, daß wir den willigen Schüler immer mehr »in der Hand haben« und daß er auch Verleitungen aushält.

So hat neulich ein bestellter Helfer, der sich hinter einem Busch versteckte, einen Hasenbalg an einer Schnur gerade in dem Moment über den Weg gezogen, als wir mit dem Junghund vorüberkamen. Der kleine Hund stutzte, vernahm den Pfiff und lag gehorsam flach. Wir machten kehrt und schritten in anderer Richtung weiter. Das war brav! Na ja, ein Lob für solche Leistung war diesmal schon angebracht! Auch wir waren stolz, denn die Ausbildung zeigte ihre ersten Erfolge!

Muß die Koralle sein?

Unser Hund benötigt aber nicht nur eine gute Ausbildung, auch einiges an Ausrüstung gehört dazu. Das erste Halsband braucht keine Kostbarkeit zu sein, ein einfaches, nicht auf Zug gestelltes Lederriemchen erfüllt seinen Zweck. Die erste *Halsung* muß bald, weil der Hund wächst, gegen eine größere ausgetauscht werden.
Es gibt im Fachgeschäft verschiedene Halsungen; welche man wählt, ist Geschmacksache. Passen muß sie, darf nicht zu stramm, aber auch nicht zu locker um den Hals liegen.
Daß ein Junghund manierlich neben mir zu laufen hat, bringe ich ihm schon im Welpenalter bei. Schnell und sicher lernt er das, wenn er angeleint neben älteren Hunden mitläuft.
Schöne *Schmuck-Metallhalsungen* (sie sehen aus wie geflochten) haben den Nachteil, daß sie im Winter kalt sind, und das ist für den Hund bestimmt nicht angenehm. Im Winter sind Lederhalsbänder am zweckmäßigsten.
Eine Halsung für Jagdhunde darf möglichst nicht klirren, das könnte beim Suchen im Feld das Wild zum frühen Aufstehen veranlassen.
Für Leinen wird eine feste *Führleine* gebraucht, es kann aber auch eine *Umhängeleine* sein. Diese wird von Jägern gern benutzt, weil sie dann beide Hände frei haben für Jagdglas oder Waffe. An *Feldleinen* wählen wir eine von etwa 15 bis 20 m Länge und eine nur wenige Meter lange. Diese Leinen sind im Fachhandel zu bekommen. Sie werden für große und kleine Rassen angeboten.
Die *Hundepfeife* gehört ebenfalls zur Grundausrüstung. Leider gibt es bei uns nur wenige, deren Ton sich abstimmen läßt, die leise sind, wenn der Hund nahe ist, lautstärker, wenn er weiter entfernt ist und wir auf ihn einwirken wollen.
Mit *Dressurhalsband,* genannt die »Koralle«, ist ein aus Metallgliedern zusammengestecktes Band gemeint, das Torquatushalsband. Die *Oberländerhalsung* ist außen aus Leder, auf der Innenseite befinden sich spitze Stacheln aus Metall.
Mit Hilfe dieser Korallen, die bei Zuganwendung einen schmerzhaften Hautreiz am Hundehals bewirken, soll dem Hund Ungehorsam verleidet werden. Das kann Hetzen sein, Widersetzlichkeit gegen den Führer oder Unangenehmes nicht apportieren zu wollen, wie z.B. einen Fuchs.

Koralle, ja oder nein? Es stimmt nachdenklich, daß man sie in vielen Ländern mit alter Jagdtradition nicht kennt; in Österreich ist die Verwendung von Stachelhalsungen durch das Tierschutzgesetz verboten.
In Deutschland braucht man sich nur umzublicken, kaum ein großer Jagdhund, der nicht mit einem Torquatushalsband herumläuft – tagein, tagaus. Er trägt es als Alltagshalsung! Durch das tägliche Tragen wird ein Hund gegen den Hautreiz, wenn er ihn wirklich einmal nötig hätte, unempfindlich.
Die Koralle sollte man vernünftigerweise, z. B. beim Down, nur dann anwenden, wenn er es korrekt beherrscht, aber nachlässig wird. Ein Ruck an der Koralle zur Unterstützung des Befehls vollbringt wahre Wunder, und ihr Zweck ist erfüllt!
Nur dazu benutze ich sie, und nur hier vernimmt mein Freundchen bei »Gehorsam nachsitzen« das metallische Klirren der Halsung.
Es bedarf gar nicht mehr des Anlegens der Koralle, und ich kann sie wieder wegräumen. Vor irgendwas muß auch ein Hund Respekt haben, meine haben ihn und lassen es nicht auf deren Verwendung ankommen. Das unbeliebte Ding schlummert in einer Schublade still vor sich hin. Ich persönlich halte es für das Armutszeugnis eines Abrichters, wenn er das Stachelhalsband bei seinem Jagdhund als Alltagshalsung benutzen muß. Mag es seine Anwendung finden und berechtigt sein beim Down und zur späteren Korrektur, dann aber sollte es ausgewechselt werden gegen eine normale Hundehalsung und nur hervorgeholt werden, wenn es wirklich gebraucht wird.

Schlußwort

Noch vieles ließe sich vortragen an gemachten Erfahrungen, anderen zum Nutzen, zum Besten für den Hund, und immer lernt man Neues dazu. Denn kein Hund gleicht dem anderen, auf jeden muß man sich einstellen, den Hund in seiner Rassencigenart respektieren, nachdenken. Und vor allem sollte man selber ein Ausbildungsziel haben, klare Vorstellungen, wie es erreicht werden kann. Jeder Hund braucht eine Bezugsperson, und wenn diese konsequent genug ist, ordnet er sich unter, das liegt in seiner Natur. Fehlschläge wird es unweigerlich geben, wenn sich in der Familie mehrere Personen mit

der Ausbildung des Hundes befassen, ihm jede etwas »beibringen« möchte; das verwirrt das Geschöpf und verunsichert es.
Es gibt manches zu bedenken, um einem in der Entwicklung stehenden Hundekind nicht zu schaden. Die Knallerei einer Silvesternacht z.B. mit den zischenden Feuerwerkskörpern, kann einen im Zwinger alleine gelassenen Hund so verängstigen, daß er künftig den Schuß scheut. In der Jugend erworbene Ängste sitzen tief. Sie wieder abzubauen, kostet unendlich viel Geduld und Zeit, wenn es nicht vergebens ist!
Der Junghund ist vielen Eindrücken ausgesetzt. Sein Erinnerungsvermögen ist erstaunlich und beeindruckt immer wieder. Auf dieser gedächtnismäßigen Grundlage, dem Sammeln von Erfahrungen baut unsere Erziehung und Abrichtung auf.
Zu den in der Entwicklungsphase wichtigen Bedeutungsfaktoren gehört auch das Greifen und Tragendürfen von Wildbälgen, von kaltem und warmem Wild, auch Ersatzwild wie Tauben und Hauskaninchen. Doch dabei sollte sorgfältig darauf geachtet werden, daß weder gerupft noch geknautscht wird! Jung gewohnt, alt getan!
Nichts spricht dagegen, einen gut vorbereiteten und gehorsamen Hund von acht bis neun Monaten zur Jagd mitzunehmen. Mit jedem Stück Feder- oder Haarwild, das der Jäger im Alleingang mit seinem Hund ihm zuliebe erlegt (nachdem es der Hund einwandfrei vorgestanden hat!), wird der Junghund erfahrener.
Heute ein Huhn, morgen eine Ente – und während andere ihre Junghunde im Zwinger untätig verkümmern lassen im Glauben, auf ihr »abrichtefähiges Alter« warten zu müssen, ist unser Freund bereits in seiner geistigen Entwicklung seinen bedauernswerten Artgenossen weit voraus.
Ein Thema habe ich absichtlich nicht berührt: Hund und Raubzeug. Stellt ein junger Hund unverhofft im Revier wehrhaftes Raubwild oder Raubzeug, sollte es der Jäger so rasch als möglich mit der Waffe erlegen. Faßt der Hund dann zu, fühlt er sich stark – und das fördert seine Selbstsicherheit mehr, als wenn er im Nahkampf Hiebe und Bisse gefährlicher Krallen und Zähne einstecken müßte.
Das *Hegendorf'sche* »Wie sag ich's meinem Hunde« sollte man sich bei der Erziehung eines Junghundes immer vor Augen halten. Ein freundliches, aufmunterndes Wort, ein ehrlich gemeintes Abliebeln, aber auch ein scharfes Nein oder Pfui, notfalls auch mal im rechten Moment ein »Jagdhieb« – der Tadel muß wie ein Schock wirken! Absoluter Gehorsam: ja, aber keine Kriecherei! Es ist ein jämmerliches Bild, wenn ein edler Jagdhund gedrückt neben seinem Herrn schleicht.
Den Hund als echten Gefährten, als Mitgeschöpf zu achten und zu behandeln, das ist die Basis der Erziehung! Denn der Jäger braucht den guten Hund und der gut veranlagte Hund den Jäger. Einen, der ihn gerecht zu erziehen, abzurichten und zu führen versteht, zu gemeinsam frohem Jagen!

Anhang

Literaturhinweise

Bücher

FRIESS, RUDOLF: Unsere Jagdhunde. München 1960

GROSS, ALICE: Der brauchbare Jagdhund. Hannover 1978

HEGER, ANNA-MARIA: Hundehaltung. Stuttgart 1980

HEGENDORF/EISERHARDT/REETZ: Der Gebrauchshund. Hamburg 1980

HEGENDORF/EISERHARDT/REETZ: Die Führung des Jagdhundes im Feld, am Wasser und im Wald. Hamburg 1980

KELLER, GEORG: Pointer und Setter. Bleckede 1977

LUX, HANS: Vorstehhunde, Stöberhunde und Bracken auf der Schweißfährte. Hamburg 1978

MOXON, P. R. A.: Die Führung des Jagdhundes nach englischer Methode. Hamburg 1963

NIEMAND, DR. HANS G.: Hundehaltung, aber wie? Reutlingen

PODUSCHKA, DR. WALTER U. CHRISTL: So entwickelt sich Dein Welpe. Bern 1977

RIEDL, HEDI: Der Setter. Köln 1977

SCHWOYER, HILDE: Setter und Pointer. Stuttgart 1980

SCHWOYER, HILDE: Die Jagdhunde. Stuttgart 1977

SCHWOYER, HILDE: Ausbildung und Haltung des Jagdhundes. Stuttgart 1978

SCHWOYER, HILDE: Erfahrungen mit Settern. Stuttgart 1980

SIVEKE, DR. W.: Die Frühsterziehung der Vorstehhunde. Schloß Bleckede 1974

TABEL, DR. CARL: Der Jagdgebrauchshund, seine Erziehung, Abrichtung und Führung. München 1978

TABEL, DR. C.: Der Gebrauchshundjährling. München 1979

TRUMLER, E.: Mit dem Hund auf du. München 1980

TRUMLER, E.: Hunde ernst genommen. München 1981

TRUMLER, E.: Ratgeber für den Hundefreund. München 1980

Zeitschriften

»Der Jagdgebrauchshund«

Organ des Jagdgebrauchshundeverbandes, München

Nützliche Adressen

Jagdgebrauchshundeverband e.V. Geschäftsstelle, 2901 Kirchhatten i. Oldbg.
Verband für das Deutsche Hundewesen e.V., Mallinckrodtstr. 26, 4600 Dortmund

Sachregister